インバウンドツーリズムの復興にかかわる諸課題の考察

森田金清 著

文眞堂

推 薦 文

　森田金清さんの観光地・地域再生への思いは熱い。

　森田さんは熱海での老舗名門旅館を経営する傍ら本書をまとめられた。ご自身が経営しておられる熱海の名門ホテルがコロナ禍で大変な状況のなか，極めて水準の高い3つの論文をまとめ，博士論文とした。本書はそのご努力の集大成といえる。

　本書の特徴は以下の3点である。

　第1は，「中国人観光客の年齢的な構成要因（第1の論考）」に関する分析。中国人観光客の行動パターンについて，独自に集めた「中国人の年齢（階層）」データをベースに興味深い結論を導いておられる。

　第2に，学術的な分野で解明が急がれていた「期待不一致モデル（第2の論考）」。期待不一致モデルとは，旅行者が事前に期待している旅館などの「サービスに対するイメージ（期待）」と，実際にその旅館を訪問した際に得られる「感触」とのギャップなどから今後の旅行者の行動を分析するものである。観光経済学の世界では，この分野のデータが不足しており，なかなか研究が進んでいなかったものだが，これを森田さんは大変貴重な独自データをもとに分析を完遂された。

　そして「為替レート」に関する分析（第3の論考）。日本へのインバウンドツーリズムの中心である中国人観光客に対して最も重要な，「為替レート」の影響について独自の見解をまとめられた。円安が続く日本のインバウンド需要の今後を考える上で，大変重要な視座を提供しておられる。

　いずれも，独自の分析手法やデータをもとに丁寧な分析を行っており，統計的な信頼性も高い。

　2023年に入り今後は外国人観光客の入国管理も緩和され，また2020年代

後半は，世界経済も緩やかな回復基調にある。中国人観光客の総数はまだ少ないが，今後は爆発的な増加も予想される。その際には，森田さんの上記の3つの分析は大変有用となろう。現場を知り尽くした森田さんによる出色のアカデミック作品といえる。

　なんの躊躇もなく，本書を推薦するものである。

2023 年 12 月 11 日

和歌山大学
足立 基浩

はしがき

　本研究は，パンデミックによって一時壊滅的なダメージを受けたインバウンドツーリズムにかかわる諸課題の考察を目的としている。

　訪日外国人の最大シェアを占める中国人観光客の動向を中心に，コロナ感染症の発生までおよび発生以降の観光需要，意思決定・品質評価，価値観・制度・危機管理の変化について分析を行った。

　第１章では，パンデミックによって提起されたインバウンドツーリズム課題について論じた。観光産業は，波及効果も大きいので，経済の活性化を刺激する効果への期待が日本におけるインバウンド推進の最大の意義であり，理由である。インバウンド観光は，少子高齢化による長期的な経済停滞に悩む日本において，唯一高度成長を遂げた分野であり，今後も引き続き期待できる分野である。

　第２章では，パンデミックの収束およびインバウンド観光の回復における課題について論じた。回復の基本条件としては，コロナ感染状況の収束，各国の出入国管理の正常化，受入れに関する住民意識の回復，各国の観光客による日本訪問意欲の回復という４つの点が挙げられた。

　第３章では，訪日中国人観光客の観光需要に関わる経済要因について検証を行った。中国人観光客は，1.1万元台を基準に元ベースの予算額を設定しており，為替レートが元高なら，消費額が大きくなり，円高なら消費額が縮小する傾向が見られることがわかった。また重回帰分析の結果から可処分所得と訪日中国人観光客数の推移には因果関係があることが明らかになったが，所得弾力性平均値の結果からは，可処分所得が増大しても，訪日中国人消費支出は増える可能性が低いことがわかった。

　第４章では，温泉リゾート地である熱海市の中規模和風旅館における，

「期待不一致モデル」の手法に基づく質問紙調査の結果分析を通じて訪日外国人観光客の満足度に及ぼす要因を考察した。

　第5章は，訪日中国人の年齢構成に対する中国の少子高齢化の影響を検証した。「65歳以上人口比率」という高齢化の進行を示す指標が40～44歳の年齢層が占める訪日者のシェアを下げる効果示された。

　終章は全体のまとめと展望を行った。

目　次

序章
研究背景・枠組み

1．研究目的

　本研究は，パンデミックまたはコロナウイルス感染症の広がりによって一時壊滅的なダメージを受けたインバウンドツーリズムにかかわる諸課題の考察を目的としている。訪日外国人の中でも最大シェアを占める中国人観光客をめぐる動向を中心に，コロナ感染症の発生までおよび発生以降の観光需要，意思決定・品質評価，価値観・制度・危機管理の変化について分析を行うことにしたい。

　観光行動の本質の1つに「移動」があるが[1]，観光（tourism）は「2地点間を移動する行為」である旅行（travel）と違って，「出発地から目的地に出かけて戻ってくる現象や，それを支える産業等を総合的に捉えた，より幅広い意味を持つ考え方や概念」である[2]。

　観光の必須要素とは「人」と「デスティネーション（旅行目的地）」の2つであるが[3]，観光を支える業界は，「旅行業（旅行代理店など）」，「運輸業（航空・鉄道・バスなど）」，「宿泊業（ホテル・旅館など）」という観光の主要3業界とされる[4]。観光業にとってパンデミックからの回復は，上記の3業界の活動が再び活発化するか否かにかかっているが，前提は観光需要の回復にある。観光需要は，観光客の人数と消費を源泉としているが，具体的には3つに分類することができる。国内旅行（ドメスティック），海外旅行（アウトバウンド），そして訪日旅行（インバウンド）である。国内旅行は経済的には「内需」（国内の需要）になり，海外旅行は貿易の「輸入」にあた

り（日本人が外貨を支払う），訪日旅行は「輸出」（外国人が外貨を支払う）にあたる[5]。

　我が国にとって観光需要の回復を図るには，インバウンドの復活が不可欠である。その理由は以下3つある。

　まず第1に，国内旅行は，少子高齢化の進行やアウトバウンドの一般化により，長期的な停滞傾向が今後も続くと考えられるからである。GOTO トラベルのような大掛かりな助成金対策でも国内旅行の需要喚起は限られており，観光業全体の復活にははるかに及ばなかった。これを踏まえて，国内需要にたよるだけでは，観光業の衰退を待つだけということを意味する。

　第2にアウトバウンドも少子高齢化の進行などにより，今後拡大は見込まれないという点である。

　第3にパンデミックが発生する直前まで，インバウンドは持続的な拡大傾向にあった。パンデミック収束後は再び活発化する可能性が十分考えられる。

　インバウンドの復活は，日本を旅行目的地とする外国人観光客の増加にかかっているが，中でも中国人観光客の動向が最も決定的な要因と言えよう。①全体を占める割合，②増加率，③インバウンドの近隣依存傾向性格，④コロナ禍からの回復が速いことなどがその理由である。

　パンデミックがいかに収束するかは，観光業の力が及ばない事項である。逆に受動的にその収束を待つしかないが，回復は国内旅行が先で，インバウンドが後になると思われる。中国人訪日客の人数がパンデミック前の水準に達する時点で，インバウンドの完全回復となるであろう。

　このような回復過程において，幾つかの課題に直面すると思われる。

① 　パンデミックによってインバウンド観光の意義が変わったか否か。
② 　パンデミックによって提起された，オーバーツーリズムといった，インバウンドツーリズム課題
③ 　訪日中国人観光客の観光需要に関わる経済要因
④ 　訪日外国人観光客の満足度に及ぼす要因について

⑤　訪日中国人の年齢構成に対する中国の少子高齢化の影響

2．本研究の構成

本研究は，図1に示すように，論文構成において，インバウンドツーリズムの復興にかかわる諸課題の考察を行うこととする。

第1章では，パンデミックによって提起されたインバウンドツーリズム課題を取り上げる。まず，インバウンド観光の特徴について，観光の一形態としての性格や世界経済および日本経済における位置づけを述べた上，COVID-19 によるインバウンド観光需要の変化や日本におけるインバウンド観光推進の経緯と意義を考察する。

第2章では，パンデミックからの回復における課題について考察する。まず，回復の基本条件および回復時期と方式の予測を行い，それから訪日観光客の復帰を左右する要因について述べ，特に日本におけるインバウンドに大きな影響をもたらす中国人訪日観光客復帰の可能性を検討する。また，コロナ危機によってもたらされるグローバル的な挑戦と変革の機会について，サスティナブル・ツーリズムの概念と日本におけるインバウンドのあり方という側面から検証する。さらに，オーバーツーリズムについても考察する。

上記の2章は，日本におけるインバウンドツーリズムがパンデミックの発生によって，受けたダメージおよび回復の道のりについて論じる内容であるが，第3章〜第5章は，前節の③〜⑤の課題について論じる。

コロナ危機は，発生から2年以上続いていまだ完全に収束していないが，すでに欧米などでインバウンドを含む観光業の全面的な解禁が始まっており，日本においても訪日外国人観光客の受け入れ再開が着実に進められている。しかし，前述したように，コロナ危機前からインバウンド観光の急拡大にブレーキがかかるという兆候の現れに見られるように，危機が過ぎ去っても，インバウンド観光の順調な発展に影響を及ぼす不確実な要因が存在していると思われる。訪日外国人観光客の7割以上が東アジアから来ており，

中でも中国人観光客が圧倒的なシェアを占めるが，今後の中国人観光客の訪日動向がインバウンド観光の盛衰を決めると言って過言ではない。本研究では，その動向について次の3つの課題を通じて検討したい。

まず，中国人観光客が急増した背景には，高度経済成長に伴う所得増加が一因であると思われるが，このような所得の変化が訪日観光客数とどのような関係を有するかという課題である。

次に，訪日外国人観光客の6割ほどが「訪日リピーター」であるが，日本再訪の動機付けが何であるかという課題である。

さらに，中国では深刻な少子高齢化を抱えているが，その動向が訪日観光客の構成に対し，どのような影響を与えるのか，という課題である。

第3章では，訪日中国人観光客の観光需要に関わる経済要因について検証を行う。

インバウンド観光客数が出発国の経済状況に関係しているという報告が先行研究でなされている。中澤（2009）は32カ国を対象にした分析によると，出発国からの距離は訪日客数に負の影響を及ぼすことと同時に，出発国の経済規模は訪日客数にプラスの影響を行うことになる[6]。Vietze（2008）の分析によると，アメリカへの渡航において出発国の経済規模はプラスの影響を及ぼし，その一方で出発国からの距離はマイナスの影響を与えることになる[7]。

中国において，過去40年以上にわたって進められてきた改革開放政策は，持続的な経済成長および所得向上の恩恵をもたらした。2010年には，アメリカに次ぐ世界2位の経済大国となり，さらに2020年現在では，ユーロ圏全体を上回る規模で，日本の3倍弱の規模に達している。2021年の1人当たりGDPは，1万2,551ドルとなり，世界銀行基準での上位中所得国の範疇に入るが[8]，世界銀行基準の高所得国基準である1万2,695ドル以上には僅かに及ばないというレベルに達している[9]。

このような経済事情が今後の訪日中国人観光客の増減および消費金額の動向を左右する要因の1つに間違いないが，どのような形で影響をもたらすか

については検討が必要である。

　まず，可処分所得の増加が，訪日中国人観光客数にどの程度の増加効果を
もたらすか，私的海外渡航の中国人全体に比べてその効果が弱いのか，それ
とも強いのか。次に訪日中の消費にあたり，可処分所得の増加は為替レート
によって相殺されることが考えられるが，その相殺効果がどの程度のもので
あるか。さらに，可処分所得の増加は訪日中国人観光客の人民元ベースの消
費単価と関係があるか否か等の課題を検討したい。

　第4章では，温泉リゾート地である熱海市の中規模和風旅館における，
「期待不一致モデル」の手法に基づく質問紙調査の結果分析を通じて訪日外
国人観光客の満足度に及ぼす要因を考察する。

　訪日外国人観光客の満足度に関する考察が重要な理由は，観光庁の調査
によると，日本を訪れるインバウンド観光客には，「リピーター」が大きな
割合を占めているからである。訪日外国人観光客のうち，訪日回数が2回以
上の「リピーター」の割合は2016年以降，6割前後で推移しているが，訪
日リピーターの人数では増え続け，2019年では2016年の約1.6倍に達して
いる。中でも東アジア4カ国・地域が台湾（24.6％），韓国（23.2％），中国
（22.0％），香港（12.8％）の順で82.6％のシェアを占めている。「10回以上」
の訪日回数を誇る「訪日ヘビーリピーター」も多数である[10]。

　本研究では，訪日外国人観光客の満足度についてその満足度の形成要因と
日本再訪との関係という視点から考察を行う。

　第5章は，訪日中国人の年齢構成に対する中国の少子高齢化の影響を検証
する。訪日外国人全体と比較して，60歳以上の年齢層別訪日中国人の推移
は，一貫して低い比率に止まっている，という傾向が見られるが，急速に進
んでいる中国の少子高齢化が今後の訪日中国人の年齢構成にどのような影響
を及ぼすかについて，統計データの解析を通じて検証したい。

　中国の高齢化は，高齢者人口が非常に多いばかりでなく，高齢化の進行
が速いことに特徴がある[11]。2021年時点での中国の高齢化率（総人口に占
める65歳以上の割合）は2021年には14.2％に達している。高齢化率が7％

以上の社会は「高齢化社会」，14％以上の社会は「高齢社会」，21％以上の社会は「超高齢社会」と呼ばれるが，中国はすでに「高齢社会」に突入している[12]。

　急速な高齢化と大量の高齢者人口が，中国の将来の社会的安定と経済成長にとって大きな課題となる[13]。中国が2022年以降に急速な高齢化期を迎え，1960年代中後期に生まれた人口が年間2,500万人のペースで高齢者となっていくために，高齢化圧力が一層高まると予想される[14]。

　高齢化の進行と同時に中国の少子化も深刻な状況に陥っている。人口抑制する目的で実施されてきた「一人っ子政策」が2016年に廃止されても，出生率（人口1,000人当たりの出生数の割合，‰）は，12.64‰（2017年），10.86‰（2018年），10.41‰（2019年），8.52‰（2020年），7.52‰（2021年）と下降の一途をたどっている[15]。

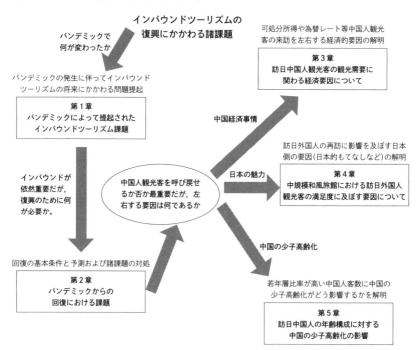

図1　本研究の構成図

　このような少子高齢化の動向が訪日中国人観光客の動向にも幾つか影響を及ぼすと考えられる。まず，「一人っ子政策」が1980年代に始まったという背景を考えると，今後総人口に占める40〜49歳以下の年齢層の比率が低下し，逆に総人口に占める50〜59歳以上の年齢層の比率が上昇する可能性が考えられる。このような状況が進行すると，訪日中国人観光客の年齢構成に変化をもたらすことになるのか。一方，「高齢者扶養比率」の上昇により，高齢者に老後資金の問題が発生し，若年層にも負担が転嫁されることも予想されるため，中国人観光客の訪日意欲や訪日先での消費意欲に影響を及ぼすことになるのか。

　本研究では，第5章の考察を通じて少子高齢化の動きと訪日中国人観光客の動向との相関関係を明らかにする。

注
1　尾家建生（2021）「新型コロナ期以降の観光の可能性：パンデミックを超えて」『国際観光学研究』1，52-62頁。
2　田中伸彦（2021）「ポストコロナ時代の観光のカタチ」『森林環境』2021，13-16頁。
3　田中（2021），前掲注2。
4　田中（2021），前掲注2。
5　尾家（2021），前掲注1。
6　中澤栄一（2009）「訪日観光客数の決定要因：グラビティ・モデルを用いた誘致政策の評価」『現代経営経済研究』2（3），27-58頁。
7　Vietze, Christoph（2008）, "Cultural Effect on Inbound Tourism into the USA: A Gravity Approach," JENA Economic Research Papers, 2008-037.
8　井手啓二（2021）「中国経済の現段階の制度的・構造的特徴について」『経営と経済』100（4），103-130頁。
9　張敏（2022）「中国の1人当たりGDP，あとわずかで「高所得国」入り」『ビジネス短信』2022年3月16日（https://www.jetro.go.jp/biznews/2022/03/fffd923435a0edd9.html）。
10　観光庁観光戦略課観光統計調査室（2020）「令和元年訪日外国人消費動向調査【トピックス分析】訪日外国人旅行者（観光・レジャー目的）の訪日回数と消費動向の関係について」（https://www.mlit.go.jp/kankocho/siryou/toukei/content/001350782.pdf）。
11　彭希哲（2022）「中国の人口推移傾向と今後の展望」『社会保障研究』6（4），374-388頁。
12　嶋亜弥子（2022）「中国で少子高齢化が進む　低出生率に危機感，消費意欲の高い高齢者層の増加は商機にも」『地域・分析レポート』2022年6月29日。
13　彭（2022），前掲注11。
14　彭（2022），前掲注11。
15　嶋（2022），前掲注12。

第1章

パンデミックによって提起された
インバウンドツーリズム課題

1.1 インバウンド観光の特徴

(1) 観光の一形態としてのインバウンド

「旅行」と「観光」の意味に関する違いは，厳密に区別されていないことが多いが，①観光・レクリエーション（レジャー），②業務，③親族・友人訪問，という異なる旅行目的から3つの類型に分けることができる。日本では，3つの目的を含んだ訪日外国人旅行市場全体を「インバウンド観光」ということが多いが[1]，本研究における「インバウンド観光」または「インバウンド」という用語も同様の意味で使用される。

観光の特徴と密接な関係を持つ概念として，「ツーリズム・モビリティ」という用語があるが，観光がモビリティの一形態である一方，様々なモビリティが観光を形づくるという側面がある。観光がパフォームされる場所を形成し，観光地を創造したり破壊したりしているのである。観光行為は，人やモノおよび飛行機の移動にとどまらず，スーツケース，植物や動物など人間の移動に付随する輸送，イメージやブランド，データシステムやサテライトなどの伝播など，すべてが移動と結びついている[2]。

インバウンド観光においては，外国人の移動が基本的な内容となるが，その移動に付随する土産物やスーツケースなどの移動も含んでいる。また観光へ出かける人びとは観光情報誌やインターネットを通じて，情報やデータを検索し，観光地に関する多くのイメージを形成しているので，情報，デー

タ，イメージの移動も生じている。さらに観光地での様々な見聞や経験によって形成される記憶の移動もある。これらの移動を支える基盤として，旅行代理店，航空産業等の交通業者，ホテル等の宿泊業者をはじめとする諸産業の成立を生み出す資本の移動もあろう。このように観光はモビリティの様々な流れを形成しながら，社会や文化のあり方まで深く揺るがせる社会現象となっている[3]。

　訪日外国人旅行者数については，日本政府観光局（JNTO）が法務省の入国管理データに基づき算出し，毎月公表している。訪日外国人旅行者とは，外国人正規入国者から日本に永住する外国人を除き，外国人一時上陸客等を加えた入国外国人旅行者のことである[4]。

表1　旅行の3つのタイプ

旅行の種類	目的地選択の自律性	時間の自由度	スケジュール	費用の源泉
旅行	観光客によって選択	自由時間が支配的	個人の自主的決定	観光客の個人負担
出張	所属組織によって決定	制限された時間が支配的だが，少量の自由時間もあり得る	所属組織が手配	所属組織が負担
宗教的な巡礼	教義の規定に従う	スケジュール固定され，自由時間が少ない	宗教団体によって手配	巡礼者の個人負担

出典：保・席ほか（2021）に基づき，筆者が編集[5]。

　表1に示すように，観光と出張の違い。①目的地の自主的選択：観光地の選択は，観光客の個々の希望と所属する主流社会の規範に依存している（たとえば，西洋人は肌を青銅色にするためビーチに行き，海水浴をし，夏休みに日光浴をすることを好むが，そして夏には，ほとんどの中国人は余暇のために田舎に行き，日焼け防止対策を講じるようにしている）。②裁量時間：食事や睡眠などの基本的な生理学的ニーズの制約に加えて，観光客は基本的に観光地で自由に時間を使うことができる。③自己負担の費用：観光客は通常，旅行中および目的地ですべての費用を自己負担している。出張は，上記の3点で観光とは異なる。①目的地はビジネスニーズに依存する。②時間

は基本的にビジネスの取り決めによって制限される。③主な費用（輸送，宿泊，飲食物）は所属組織が負担する[6]。

　Yiannakis & Gibson（1992）は，旅行者を 14 パターン[7]に分類しているが[8]，すべてインバウンド観光客の旅行目的にもなり得る。

　また，旅行する動機について，林・藤原（2008）は，海外旅行から帰国した日本人観光客を対象に関西空港で旅行者の観光動機について調査を実施し，7 つの要因（刺激性・文化見聞・現地交流・健康回復・自然体感・意外性・自己拡大）を指摘している[9]。

　岡本・佐藤（2015）は，安曇野市に訪問してきた観光客を対象に，観光動機，参考にした情報，旅行満足度の調査の結果，計画的探求型・都市観光型・自然観光型・低欲求型・思いつき型に分類できると報告している。これらのことからも観光行動の多様さがうかがえる[10]。

表 2　観光活動に基づく観光地空間種別の好みにおける欧米人と中国人の違い

観光活動のタイプ	欧米人の空間嗜好	中国人の空間嗜好
レクリエーション	温暖な地域の海辺がメイン，田園がその次	田園がメイン，山岳地帯や海辺がその次
探索／観光	都会がメイン，その他の空間がその次	都会がメイン，その他の空間がその次
ゲーム／スポーツ	山岳地帯がメイン，海辺がその次	圧倒的な嗜好の空間はまだ確立していない
ショッピング	都会	都会

出典：保・席ほか（2021）に基づき，筆者が編集[11]。

　一方，表 2 に示すように，「ショッピング」と「観光」については，観光地に対する欧米人と中国人の好みは共通しているが，「レクリエーション」に関しては，欧米人が海を好むのに対し，中国人は田園を好んでいると，保，席は指摘している。

(2)　世界経済におけるインバウンドの位置

　もともと観光に関わる消費活動は，複数の業種にまたがるため，主に生産

面から経済活動を捉えようとする産業分類には「観光業」や「観光産業」という分類は存在しない。北村（2017）によると，観光産業とは，「交通・運輸，宿泊，飲食サービスなど極めて多くの産業から成り立つ，すなわち観光に関連する業種の総称のこと」である[12]。観光産業が活発化すると，上記の各業界が恩恵を受けることになる。

　世界旅行ツーリズム協議会（World Travel & Tourism Council）2019年のデータをまとめた報告書によると，今日の観光業は，世界GDPの約10.3%，新規雇用の25%を創出し[13]，世界経済および日本経済において，重要な位置を占めている。インバウンドはその観光業において，不可欠な一部分である。日本においては，人口減少社会の進行により，我が国経済や財政を取り巻く困難がますます増えていく中，インバウンドは経済効果をもたらすことが期待され，その誘致はますます重要性を持つとされていた[14]。そのため，後述するオーバーツーリズム（以下，OTと略す）の問題があっても，引き続きインバウンドの誘致拡大に力を入れなければならないことに何ら変わりがないと思われる。

　田中（2020）は，世界銀行の「World Development Indicator データベース」を活用して，2010年から2018年の期間で193の国・地域における世界各国の経済成長率と国外旅客の到着数の関連を分析したが，サンプル国・地域の経済成長率は平均3.25%で，国外旅客平均到着数は623万人であった[15]。推定の結果，経済成長率と国外旅客到着数とは正の相関関係があることが確認された。具体的には，国外旅客到着数が100万人増加すると，受入国の経済成長率は0.12%上昇するという関係が見られた[16]。

(3)　日本経済におけるインバウンドの位置づけ

　訪日外国人がもたらす経済効果は，日本におけるインバウンド政策推進の最大の意義であり，理由でもある。訪日外国人の消費額からもその一端がうかがえる。観光庁の「訪日外国人消費動向調査」によると，2018年における訪日外国人1人当たりの旅行消費額は153,029円であった。同年における

定住人口 1 人当たり消費支出は年額 1,269,000 円となる（総務省「家計調査報告（家計収支編）」）。つまり，訪日外国人旅行者約 8 人分の旅行消費は，定住人口 1 人当たり消費支出に相当する。

　これに対し，2018 年における日本人の国内旅行の宿泊旅行消費額は 1 人当たり 54,300 円，日帰り旅行消費額は 17,285 円であった（観光庁「旅行・観光消費動向調査」）。国内宿泊旅行者約 23 人分，または国内日帰り旅行者約 73 人分が，定住人口 1 人当たり消費支出に相当する。国内旅行よりも訪日外国人による旅行消費のほうが大きな経済効果をもたらしているのである。日本の総人口は 2010 年を境に減少局面に転じ，本格的な人口減少社会に入っている中，日本人国内旅行消費の大幅な増加はもはや期待できない。ここに，経済的側面からみたインバウンド誘致の重要性を見出すことができる。特に，韓国，台湾，香港，中国からの旅行者についていえば，リピーターほど旅行支出が多く，地方部を訪れる割合が高い傾向にあることから，外国人旅行者の継続的な訪日は，我が国地方部の振興に寄与すると考えられる。

　北海道は，香港，台湾，シンガポールなど「雪のない国」にとって魅力ある観光地となっている。台湾には紅葉がないため，紅葉も人気である[17]。

　例えば，中国・台湾・香港からなる中華圏からのインバウンド観光客は，青森県には年間 20 万人以上訪れている。これは，青森県のような，少子・高齢化による過疎化が深刻な地域にとって，中華圏からのインバウンド観光が，地域活性化に繋がっていた[18]。

1.2　COVID-19 によるインバウンド観光需要の変化

(1)　インバウンドが受ける影響の実態

　WHO によってパンデミックとして宣言された COVID-19（2020 年 3 月 12 日）は，世界の経済，政治，社会文化システムに大きな影響を与えている。ヘルスコミュニケーションの戦略と対策（例：社会的距離，旅行と移動

の禁止，コミュニティの封鎖，外出禁止令，自己検疫または強制検疫，混雑の抑制）の実行は，世界的に渡航，観光，レジャーをストップさせた[19]。

COVID-19 の感染拡大は，人と人の接触を媒介としているが，「移動」を本質とする現代社会の観光行動は，そのような接触を頻繁にさせるものであるため，感染防止は，できる限り「移動」を制限せざるを得ない。人の移動が極端に制限されたことによる，旅客サービス，宿泊業，飲食業という人を直接対象とするサービス業が大きな打撃を受けた[20]。

すべての「移動」の制限は一律に同程度に制限されたわけではない。出発地と目的地の距離が遠い移動ほど，宿泊を含め目的地での滞在が長い移動ほど厳しい制限を受ける対象になる。最も厳しい制限は，ほとんどのインバウンドに適用される，国家間の移動に対する出入国制限である。

インバウンド観光の停止状態は，世界的に空前のダメージをもたらしている。

2020 年からは新型コロナウイルスによる世界的な感染症の流行（パンデミック）に伴い，世界各国が，インバウンド誘致から一転して感染拡大防止のため観光目的の渡航制限に踏み切った。UNWTO によると 2020 年の国際観光客数は対前年比 10 億人（−74％）減少し，1990 年の水準に後退した。世界の国際観光市場の損失額は 1.3 兆米ドルに達し，2009 年の世界金融危機時の損失額の約 11 倍に当たるという[21]。

新型コロナウイルス感染症の感染拡大の影響によって，2020 年における世界全体の実質 GDP 成長率は−3.3％となり，国際観光客数は前年に比して73.1％減少の約 4 億人となった[22]。

田中（2020）によると，国際線フライトの運休や減便が長期化したことにより，インバウンド観光が最も大きな影響を受け，国外からの観光客は，航空・鉄道・バスなどの国内移動，宿泊や飲食，物品の購買などに支出するが，このような国外観光客の支出に強く依存している観光地域ほど，コロナ感染の影響が強い[23]。

コロナ感染拡大に伴う影響は，日本にとっても深刻である。日本国内では

2020 年 3 月頃より新型コロナウイルス感染拡大によって人々の生活様式や行動に大きな変化が生じ始めた。施設や店舗の開館・営業時間の制限が設けられた観光地では，制限や自粛要請が出される度に観光客数が激変し，多大な影響が及んでいる[24]。移動の自粛要請等に伴う日本人国内観光需要の意識とあいまって，観光関連産業や観光地などの地域経済に深刻な影響をもたらしている[25]。池田（2020）は，COVID-19 によって石川県金沢市に観光需要の大幅な減少と宿泊施設への影響を述べている[26]。

　2020 年における日本の実質成長率は，−4.7％であったが，このようなマイナス成長は 2009 年以来の 11 年ぶりであった[27]。

　グローバル的な渡航制限および人的交流の抑制政策によって，訪日外国人旅行客数は 412 万人（対前年比−87.1％），同消費額は対前年比で約 4 兆円レ 84.5％）減少した[28]。訪日外国人旅行者数は，「観光立国」が宣言される前の 1998 年の水準にまで激減した[29]。

　観光目的の渡航制限によって，2020 年 4 月から 2021 年 12 月現在に至るまでインバウンドは，ほぼ消滅した状況が続いた。上述の出入国制限が継続する限り，インバウンドの回復は始まらないであろう。

(2) 観光業にかかわるリスク

　先行研究では，新型コロナウイルス感染症によるダメージを背景に，観光業にかかわるリスクが論じられている。

　吉田（2021）は，観光がきわめてリスクの高い産業であるとしている。その理由として，観光は「不要不急の人の移動行為を起点」にして，運輸，宿泊・飲食・みやげ物を含むサービス産業を連結させた複合的産業へ拡張し，「観光依存体質を深めた社会」を形成してきたため，人の移動がストップすれば，観光関連諸事業の崩壊が起こり，その社会に生きる人々の日々の生活基盤に相当期間においてダメージを与えることになる[30]。

　「今回の観光恐慌は，現代観光が複製技術革命後に広範に流通可能と

なった記号にもとづく差別化の困難さという構造的問題を抱えていること
をあらためて前景化させた[31]。このコロナ恐慌後では，観光地の間で淘汰
が進む可能性が高い[32]。その場合，日本の観光の今後については，少子化
と高齢化が加速度的に進む状況に即した検討が不可欠である。観光振興や
観光発展を前提とした従来の観光研究の枠組みは，抜本的なパラダイム転
換に直面している[33]。

　　新型コロナ危機は観光業の脆弱性を露見させた[34]。近代社会の観光に
は，観光地における場所をめぐるゲストとホストの解釈における「非対称
性」と観光市場の外部依存性という二つの特徴がある。前者は，新型コロ
ナ危機の中，観光客の存在がリスクだという認識が広がり，観光における
ゲストとホストの関係の対等性要求につながった。後者においては，観光
が観光地社会の自然や生活に依存しているため，地域住民への影響を無視
しては成り立たないことが明確に示された」[35]。

リスク社会論[36]との関連から考えると，新型コロナ危機が近代産業社会
の急速な発展ゆえに生起したこと，すなわちそれは，近代産業社会の自然
への介入と急速な観光的移動の増加によるものであり，予見あるいはコント
ロールが極めて難しい現代特有の「リスク」であることが分かる[37]。

　　新型コロナ危機が観光にもたらしたものは，グローバルな観光対象から
ローカルな観光対象への移行であり，このことは，近代観光における場所解
釈の非対称性と外部不経済の問題点を解決するチャンスをもたらす可能性を
持っている。この可能性と実践とを結びつけるメカニズムの解明が，新型コ
ロナ危機後の観光研究に求められている[38]。

　　須藤（2021）は，観光と新型コロナ危機との関係を指摘している。新型コ
ロナウイルス感染症（COVID-19）がグローバルなかたちでパンデミックに
流行したのは，観光をはじめとする人やモノのモビリティを介してなのであ
る。いわば観光は世界に対して，ウイルスによるリスクをギフト贈与したの
である[39]。

　しかし，実態としてはコロナ感染症の拡大が観光を委縮させてしまったが，観光が完全にストップしても，コロナ感染の広がりを止めるには至らないものと考えられる。感染拡大は，人と人との接触に起因するので，人やモノのモビリティまたは移動がそのきっかけになる。しかし，出勤，通学，買い物，外食，様々なイベントなど，近代社会のあらゆる活動がモビリティまたは移動を伴うものであり，観光はその一部に過ぎない。この2年近く，インバウンドがほぼ止まったままの状態は続いたが，それとは無関係に感染は拡大と縮小を繰り返してきた。東京オリンピック開催中に，無観客でインバウンドも認められなかったにもかかわらず，感染が急拡大した。国際便の完全停止なら，海外からの感染源をシャットアウトする効果があるが，そのような措置は実行できないこともこの2年で明らかとなった。

1.3　日本におけるインバウンド観光推進の経緯と意義

(1)　インバウンド観光推進の経緯

　歴史的に見て，日本で官民ともにインバウンド観光に力を入れたのは，比較的最近のことである。日本では従来，江戸時代から続く純血主義とでもいうべき単一民族を維持する政策が一貫してきたため，訪日外国人観光客の受け入れ促進には歴代政権は手を付けてこなかった[40]。しかし，少子高齢化の進捗と財政赤字の拡大により，国内消費・国内生産人口ともに難局を迎え，これまでにない政策を打ち出すことが不可欠となったのである。歴史的な背景として，経済的な側面の観光収入による国家財源の確保は多くの先進国が歩んできた道であると言える[41]。

　竹内（2018）によると，日本におけるインバウンドの誘致は，小泉内閣のもとで観光立国の方針が決まり，2003年には「ビジット・ジャパン事業」という訪日キャンペーンが始まった。2006年には観光立国推進基本法が成立し，インバウンドの誘致を中心とする観光の振興が日本の重要課題と位置づけられたのである[42]。その政策展開によって，地域活性化，環境への配慮

（2008年にエコツーリズム推進法制定）および国際化といった効果が期待されていた。政策推進には著しい成果があった。2007年のインバウンドは約800万人であったが，2019年には約3,200万人に達しており，2007年当時の政策立案で立てたインバウンド2,000万人という2020年の目標は，実際には2016年にすでに達成し，2020年のインバウンド目標は4,000万人に修正されていた[43]。

　一方，2007年のアウトバウンドは約1,700万人であり，インバウンドの倍以上あったが，2015年にインバウンドに逆転され，2019年現在では，約2,000万人にとどまっている[44]。COVID-19発生前に，アウトバウンドや国内旅行の長期的な停滞とインバウンドの急成長が，2007年以降における日本観光業の基本的な趨勢であった。

　なぜ日本のインバウンド観光が急拡大してきたか。その要因については，アトキンソン（2015）は，日本の「気象」「自然」「文化」「食事」の4つの条件に代表される観光資源を指摘した[45]。しかし，日本の観光資源には昔からほとんど変化がなく，インバウンド観光の基盤にはなるが，急拡大を説明する要素にはならないであろう。

　新井（2017）では，この点について下記の7つを挙げている。それらは，①テロや紛争がない平和社会，②経済：アジア諸国の所得向上や円安傾向，③安全：疫病の流行がなく，自然災害の鎮静化，④体制：政府やDMO[46]や地方自治体の組織，体制の強化，⑤法制度：規制緩和など，⑥インフラ整備，⑦ソフト：VJC（ビジット・ジャパン・キャンペーン）などの訪日旅行誘致や文化交流活動の拡充[47]，などである。

　上記の7つの要因のうち，②，④と⑤は影響が特に大きいものと考えられる。中でも②が最も重要である。冨吉（2020）が指摘したように，急速な経済成長を遂げたアジア諸国の所得増加に加えて，格安航空会社の広がりと日本の物価安が，かねてから日本に憧れを持っていた人々の渡航意欲を刺激したのである[48]。②の基調に大きな変化がない限り，コロナ危機収束後に訪日旅行の回復は十分期待できよう。

(2) 日本におけるインバウンド観光推進の意義

2020年コロナ禍の発生前までは，インバウンドツーリズムが成長し続け，消費額が約5兆円に上り，地域振興のための大きな産業の柱として期待されていた[49]。政府は，東京オリンピック・パラリンピック競技大会の開催予定だった2020年に，訪日外国人旅行者数が4千万人，訪日外国人旅行者による国内消費額が8兆円に達し，さらに，2030年には，訪日外国人旅行者数が6千万人，訪日外国人旅行消費額が15兆円となるよう目標を掲げていた[50]。

日本においてインバウンド観光を推進する最大の意義またはメリットは，経済成長の維持と地域振興の促進である。内閣府（2019）は，「インバウンド需要は，人口減少による国内での需要減を補うための新たな需要として期待されている。特に地域経済にとっては，地域の特色を活かしながら「にぎわい」を取り戻し，観光・宿泊業や外食業，小売業といった関連産業の売上や雇用を増加させるなど，地域の活性化にも大きく資するものと考えられる」と述べている[51]。

実際にも我が国は，インバウンド観光を通じて着実に成果を挙げていた。2018年における日本国内における外国人旅行者の消費額は，直近で4兆2,657億円となり，2003年の6,456億円より約6.6倍となっている[52]。また高田（2018）による，過去5年間のインバウンドの拡大に伴う旅行消費額は，人口減少に伴う日本人の年間消費の減少額を上回っていることから，インバウンドの増加は，日本の人口減少を十分に補う経済効果を発揮していると指摘している[53]。

インバウンドの誘致は有力な地域活性化策となりうるのは，少子高齢化の進展に伴う地域の定住人口減少を補うために，インバウンドによる交流人口の増加が有効だからである。観光に関わる消費活動が地域で行われると同時に，財・サービスの提供主体も地域の観光業の事業者となるからである[54]。また，製造業と比べ，インバウンド観光による経済効果は，宿泊，運輸，飲食，製造，商業，農林水産業など裾野が広く，地域と密接な産業分野の多く

をカバーし，地域経済にも波及しつつあった[55]。

　たとえば，中国・台湾・香港からなる中華圏からのインバウンド観光客は，青森県には年間 20 万人以上訪れている。これは，青森県のような，少子・高齢化による過疎化が深刻な地域にとって，中華圏からのインバウンド観光が，地域活性化に繋がっていた[56]。また，北海道は，香港，台湾，シンガポールなど雪や紅葉がない地域にとって魅力ある観光地となり，それを背景にしたインバウンド観光の拡大は，北海道経済の振興に寄与している[57]。

　インバウンドは，経済効果だけではなく，人的交流の促進を通じて受入国の「ソフトパワー」強化にもつながる[58]。インバウンド観光は人的交流であり，異文化コミュニケーションであるため，観光客の対日理解の増進や対日感情の改善にも役立てる。これは，間接的に日本製品のイメージ向上と輸出増加に寄与している。平良（2017）は，インバウンドの増加が地域の消費活動を活性化させるばかりでなく，消費財輸出も誘発すると指摘している[59]。新井（2019）によると，観光客が直接日本の製品に触れ体験できるという「ショールーム効果」を通じて，製品および農林水産物の輸出拡大につながり，内需型だったサービス産業の海外市場進出を促し，新たな経済成長のエンジンとして期待されている[60]。福井（2017）によると，インバウンドに関しては，観光消費による市場活性化や地域産品のブランド力強化による輸出競争力の向上といった経済活性化効果，国民同士の交流促進というソフトパワーの強化，という 2 つの視点で評価することができる[61]。

　「見えざる輸出」と称される，インバウンド消費（2018 年・約 4.5 兆円）を他産業の「モノ」の輸出額（2018 年）と比べると，最大の輸出高目の自動車の輸出額（約 12.3 兆円）には及ばないものの，2 番目の輸出品目の半導体等電子部品（約 4.2 兆円）を上回る産業規模となっており[62]，インバウンド観光は，既にわが国の主要輸出産業の 1 つとなっている。

　さらに，インバウンドの拡大は，中小企業の経営改善にもつながっている。竹内（2018b）は，アンケート調査の結果によりインバウンドへの取り組みが中小企業の経営にも好影響を及ぼす結果を明らかにしている。イン

バウンドと業績の関係をみると，1カ月当たりのインバウンド数が多いほど，売上高が増加傾向，採算が黒字という企業の割合が多くなっているという[63]。

　『日本経済新聞』が開催する「札幌日経懇話会」の講演では，コロナ後の経済回復においてインバウンド（訪日外国人）やウィズコロナおよびエネルギーが重要なキーワードになるという見方が示された[64]。インバウンドの回復は，日本経済全体の活性化にも大きな意義を持つと言えよう。

　以上を踏まえて，日本におけるインバウンド観光は，成長が期待できる可能な分野であり，コロナ危機収束後に引き続き推進していくべきであろう。

1.4　まとめ

　本章は，パンデミックによって提起されたインバウンドツーリズム課題について論じた。

　まず，本研究におけるインバウンドの定義について，①観光・レクリエーション（レジャー），②業務，③親族・友人訪問，という3つの目的を含んだ訪日外国人旅行市場全体とした。また，インバウンド観光の基本的な内容は，外国人の移動およびそれに付随する土産物やスーツケースなどの移動とした。

　観光産業は，産業分類の対象にはなっておらず，多くの産業によってサポートされる人の移動を中心に展開されているために，波及効果も大きい。経済の活性化を刺激する効果への期待が日本におけるインバウンド推進の最大の意義であり理由である。

　観光行動は，人の「移動」を本質とするので，インバウンドは，国家間の移動を伴うので COVID-19 の感染拡大により最も厳しい制限を受けた。

　一方，観光の発達がコロナ感染症の拡大を招いたわけではない。あらゆる活動がモビリティまたは移動を伴う現代社会において，感染をもたらすルートも多様であり，インバウンドがほぼ止まったままの状態でも，感染は拡大

と縮小を繰り返した。

　日本のインバウンド観光は，2007年以降の推進策が展開された結果，2019年には観光客数が4倍増，消費額が4兆円超になり，経済活性化に成果を収めた。インバウンド観光は，少子高齢化による長期的な経済停滞に悩む日本において，インバウンド観光は唯一高度成長を遂げた分野であり，今後も引き続き期待できる分野である。

注

1　矢ケ崎紀子（2020）「訪日外国人旅行の意義・動向・課題」『国際交通安全学会誌』45（1），6-17頁。

2　Sheller, M. and J. Urry (2004), *Tourism Mobilities: Places to Play, Places in Play*, London: Routledge.

3　Hannam, K. and D. Knox (2010), *Understanding Tourism: A Critical Introduction*, London: Sage.

4　矢ケ崎紀子（2020），前掲注1。

5　保継剛・席建超・沈世伟・Philippe Violier・罗丹（2021）「中国旅游地理学研究转型与国际化对比」『中国生态旅游』11（1），11-26頁。

6　保・席ほか（2021），前掲注5。

7　日光浴型（sun lover）・刺激行動型（action seeker）・人類学者型（anthropologist）・考古学者型（archaeologist）パッケージ旅行型（organized mass tourist）・スリル希求型（thrillseeker）・探索型（explorer）・豪遊型（jet-setter）・個人探求型（seeker）・個人手配型（independent mass tourist）・高級志向型（high class tourist）・放浪型（drifter）・逃避型（escapist）・スポーツ愛好型（sports lover）。

8　Yiannakis, A. and H. Gibson (1992), "Roles Tourists Play," *Annals of Tourism Research*, 19.

9　林幸史・藤原武弘（2008）「訪問地域，旅行形態，年齢別にみた日本人海外旅行者の観光動機」『実験社会心理学研究』48。

10　岡本卓也・佐藤広英（2015）「観光動機の違いによる情報の収集と発信」『地域ブランド研究』10。

11　保・席ほか（2021），前掲注5，11-26頁。

12　北村哲彦（2017）「最近の岡山県における観光動向─重要度を増す観光統計の整備の利活用─」『季刊中国総研』21（2），9-18頁。

13　World Travel & Tourism Council (2020), "Economic Impact Reports". (https://wttc.org/Research/Economic-Impact)

14　渡邉徹（2020）「令和時代におけるインバウンド誘致のあり方」『跡見学園女子大学マネジメント学部紀要』29，105-119頁。

15　田中清泰（2020）「新型コロナウイルスと新興国インバウンド観光」『IDEスクエア─世界を見る眼』1-8頁。

16　田中（2020），前掲注15。

17　佐藤光麿（2021）「地域社会におけるインバウンドへの意識─青森県の現状をとおして─」『弘前大学大学院地域社会研究科年報』17，35-44頁。

18　佐藤（2021），前掲注17。

19　Sigala, M. (2020), "Tourism and COVID-19: Impacts and Implications for Advancing and Resetting Industry and Research," *J Bus Res.*, 117, pp. 312-321.

20　大友信秀（2021）「ポスト・パンデミックを生き抜く！　シン日常の観光戦略（逆張りから深堀りへ）（2）観光マーケティングは地域に何を与えるか？（4）」『金沢法学』64（1），7-13頁。

21　新井直樹（2021）「日本の国際観光政策の変遷と動向―コロナ収束後の持続可能なインバウンド観光振興にむけて―」『奈良県立大学研究季報』32（1），1-40頁。

22　国土交通省（2021）『観光白書　令和3年版』。

23　田中（2020），前掲注15。

24　小野澤泰子・浦杏奈・小島聖理奈・畑口桃子・山田萌々（2021）「コロナ禍における長崎市観光地への影響について―グラバー通りの商業施設を事例として―」『活水日文』62，28-38頁。

25　新井（2021），前掲注21。

26　池田千恵子（2020）「COVID-19における観光需要の大幅な減少と宿泊施設への影響」『日本地理学会発表要旨集』0，151頁。

27　内閣府経済社会総合研究所「四半期別GDP速報」（実質暦年系列，2次速報値，2021年6月8日公表）より算出。

28　新井（2021），前掲注21。

29　日本政府観光局（JNTO）「国籍／月別訪日外客数」を参照。

30　吉田竹也（2021）「観光恐慌2020年に関する覚書―観光リスク論の観点から―」『南山大学紀要『アカデミア』人文・自然科学編』21，297-306頁。

31　吉田（2021），前掲注30。

32　吉田（2021），前掲注30。

33　吉田（2021），前掲注30。

34　須藤廣（2021）「新型コロナ危機から，世界リスク社会における観光について考える（小特集　人文科学における観光研究）」『立命館大学人文科学研究所紀要』125，77-101頁。

35　須藤（2021），前掲注34。

36　Beck & Giddensによると，人間による経済・技術活動は，世界的に多大な利益をもたらした一方，「副作用」または「負の効果」も生み出してきたが，1980年代以降，こうした「副作用」が格段に増大し，社会を脅かすほどの「リスク」状況を作り出している。この「リスク」状況を「工業社会」の観点ではなく，「リスク社会」という観点で把握すべきだとする理論が，「リスク社会論」である（Beck, Ulrich and Anthony Giddens著／小幡正敏訳（1997）『再帰的近代化―近現代の社会秩序における政治，伝統，美的原理―』而立書房，21-22頁を参照）。

37　須藤（2021），前掲注34。

38　須藤（2021），前掲注34。

39　遠藤英樹（2021）「アフター＝ウィズCOVID-19の観光の可能性：「リスクの贈与（ギフト）」から「歓待（ホスピタリティ）の贈与（ギフト）」への弁証のために（小特集　人文科学における観光研究）」『立命館大学人文科学研究所紀要』125，3-22頁。

40　冨吉光則（2020）「アフターコロナでインバウンドが力強く再生するための考察」『川口短大紀要』34，63-71頁。

41　冨吉（2020），前掲注40。

42　竹内英二（2018a）「インバウンド受け入れの意義と動向」『インバウンドでチャンスをつかめ―中小企業における訪日外国人受け入れの現状と課題』，9-86頁。

43　大澤正治（2021）「コロナ・パンデミックがもたらした新しいツーリズム（観光）」『地域研究』26，39-59頁。

44　大澤（2021），前掲注 43。

45　アトキンソン，デービッド（2015）『新・観光立国論』東洋経済新報社。

46　DMO は，観光物件，自然，食，芸術・芸能，風習，風俗など当該地域にある観光資源に精通し，地域と協同して観光地域作りを行う法人のこと。観光庁が規定した日本版 DMO は以下の通り。「地域の『稼ぐ力』を引き出すとともに地域への誇りと愛着を醸成する『観光地経営』の視点に立った観光地域づくりの舵取り役として，多様な関係者と協同しながら，明確なコンセプトに基づいた観光地域づくりを実現するための戦略を策定するとともに，戦略を着実に実施するための調整機能を備えた法人」。

47　新井直樹（2019）「インバウンド観光の意義，効果と課題」『地域創造学研究：奈良県立大学研究季報』30（1），1-34 頁。

48　冨吉（2020），前掲注 40。

49　中村哲（2021）「観光情報学—スマートツーリズムに向けた研究動向」『情報処理』62（11），598-602 頁。

50　内閣府（2018）『地域の経済 2018』「第 2 章　インバウンド需要の取り込みに向けて」（https://www5.cao.go.jp/j-j/cr/cr18/chr18_02.html）。

51　内閣府（2019）「コラム 1：2019 年のインバウンド需要（韓国からの訪日旅行控えとラグビーワールドカップの影響」『地域の経済 2019』（https://www5.cao.go.jp/j-j/cr/cr19/chr19_01-01.html#column1）。

52　内閣府（2019），前掲注 50。

53　高田創（2018）「過去 5 年のインバウンド市場増は日本の人口減少を補った面も」『リサーチ TODAY』みずほ情報総研。

54　高林喜久生（2019）「インバウンドと地域活性化（Reference Review 63-3 号の研究動向・全分野から，リファレンス・レビュー研究動向編（2017 年 7 月〜2018 年 5 月））」『産研論集』46，165-166 頁。

55　新井（2019），前掲注 46。

56　佐藤（2021），前掲注 17。

57　佐藤（2021），前掲注 17。

58　福井善朗（2017）「山陰における新たなインバウンド振興の動き」『季刊中国総研』公益社団法人中国地方総合研究センター，第 21 巻第 2 号，No. 79。

59　平良友祐（2017）「インバウンド需要拡大による消費財輸出誘発は続くのか」『国際金融』299，42-47 頁。

60　新井（2019），前掲注 46。

61　福井善朗（2017）「山陰における新たなインバウンド振興の動き」『季刊中国総研』21（2），25-30 頁。

62　観光庁（2019）『観光白書』40 頁。

63　竹内英二（2018b）「どうすれば中小企業はインバウンドの増加を経営に生かせるか」『日本政策金融公庫論集』39，23-38 頁。

64　『原油高と世界の新秩序』テーマに講演　札幌日経懇話会」『日本経済新聞』電子版，2022 年 6 月 2 日（https://www.nikkei.com/article/DGXZQOFC024BR0S2A600C2000000/）。

第2章
パンデミックからの回復における課題

　前章では，パンデミックによって提起されたインバウンドツーリズム課題およびインバウンド観光の意義について述べた。一方，壊滅的なダメージを受けたインバウンド観光は，いまだに本格的な復興に至っていない。本章は，インバウンドが今後回復していく過程でどのような問題を解決していくべきかについて取り上げる。

2.1　回復の基本条件と予測

(1)　回復の基本条件
　橋本（2021）は，民俗学的視点から「一般観光者」と「一般生活者」の違いを分析し，「一般生活者」が「「うち」を一時的に離れると「一般観光者」となるが，戻れば「一般生活者」となる」と述べている[1]。
　コロナ感染によって，同一人物による上述の立場の入れ替えが滞ってしまったが，コロナ感染の収束後に，再びそのような入れ替えが従来通りに戻るには，人の流れがコロナ感染以前に回復するための環境の整備（感染抑制）と，回復を促すための有効な促進策が不可欠であろう。
　橋本（2021）によると，一般観光者にとって一般生活者は「そと」の存在であり，観光のまなざしの対象となるが，一般生活者にとって一般観光者もまた「そと」の存在であり，迎える（時に拒否する）対象となる[2]。双方に安全で受け入れられる「そと」と認識されれば，パンデミックからの回復になる時と言えよう。

　国連世界観光機関（UNWTO）は，「観光は回復する能力を持っている。国民経済や持続可能な経済・社会開発アジェンダの重要な一部分としての地位を再び確立させるだろう。今回の危機は，観光産業が単に成長するだけでなく，包括性，持続可能性，責任などが優先されるより良い方法で成長するための絶好の機会となるかもしれない。さらに，将来に向けて弾力性を構築させたりあらゆるレベルでの持続可能性を促進させたり，特別な注意が払われるべきである」と述べている[3]。

　数多くの環境的，政治的，社会経済的リスクに対して非常に脆弱な産業でありながら，観光業はテロ，地震，エボラ，SARSなど様々な危機や動乱を多数経験しており，回復力もある[4]。

　一方，インバウンドは自由に往来できる国内旅行と異なり，日本側の入国承認と，観光客を送り出す側の出入国管理政策に左右される側面もある。訪日観光客の7割弱を占める中国（台湾や香港を含む）や韓国の動向が最重要と言えよう。

　以上を踏まえて，パンデミックから日本におけるインバウンドの回復には，以下の基本条件が必要と思われる。

　①　コロナ感染状況の収束

　　　一部収束でもインバウンドが再開される見込みであるが，中国などの厳しいゼロコロナ政策を考えると，インバウンドの完全回復は中国などのゼロコロナ達成か，その政策を転換する時期を待つ必要があろう。

　②　各国の出入国管理の正常化

　③　受入れに関する住民意識の回復

　④　各国の観光客による日本訪問意欲の回復

(2)　回復の予測

　インバウンドの回復は，コロナの収束が第一の前提になることは言うまでもない。

　コロナの収束時期については，的確な予想はないが，過去のパンデミック

に比べ，相当長く続いた危機であった。2022年か2023年に収束する見方が
広がっている。

　株式会社「医師のとも」は，全国の医師842名を対象に『新型コロナウイ
ルス感染症の拡大および収束状況』に関するアンケートを実施し，その結果
医師が考える新型コロナウイルス感染症の収束時期は「2022年7月以降」
が最も多く，その次が「今後も収束の見通しは立たない」となっている。
「2022年7月以降」が最も多かった理由としては，2021年12月より開始し
た新型コロナワクチンの3回目接種がある程度終わったタイミングで収束す
るのではという予想が多かったためだという[5]。

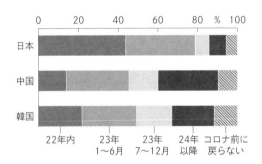

出典：薬・下野（2022）により。

図2　コロナの収束時期に関する予想

　図2に示すように，日中韓の経営者を対象とするアンケート調査で，「22
年内に収束する」との回答は日本で43.6％だったのに対し中国は13.7％，韓
国は22.6％だった。前回は中国で約7割，韓国で約4割が21年内の収束を
予想していた。コロナ前の「19年当時の状態に戻るのは難しい」との回答
も中国と韓国でそれぞれ約1割を占めた。変異型の発生で先行きへの不透明
感が強まっている[6]。

　以上の予測は，どれも精度の高いものとは言えない。新型コロナ感染症
は，広がる期間も範囲も世界史上空前の経験であり，どの分野の専門家にも
収束の正確な時期について信頼性の高い予測を期待することは無理である。

　新型コロナ感染症の収束はできても，観光客が日本訪問をする意欲は相変わらず旺盛であるか否かという疑問もある。

　日本インバウンド・メディア・コンソーシアム（略称：JIMC）は 2020 年4月に，SNS WeChat ユーザーを対象に，「中国人最新訪日意識調査」を実施したところ，中国人がアフターコロナで旅行したい国はタイと日本であるとの結果が出ている[7]。

　日本政策投資銀行と日本交通公社が実施した「アジア・欧米豪訪日外国人旅行者の意向調査」では，コロナ流行終息後における海外旅行の意向はアジアで 86％，欧米豪で 74％と意欲的な反響であった。また，アジアを中心に「リラックスや癒やし」，「体験」などを求める回答が多いほか，予算を増加し，滞在日数を長期化するという回答も相対的に多かった上，日本は旅行先としてコロナ以前と変わらず人気が高いことも分かった[8]。

　世界経済フォーラム（WEF）が発表した 2021 年の旅行・観光競争力ランキングでは，日本がトップとなっている[9]。このような魅力を背景に，今後受け入れる環境を整えていけば，インバウンドの回復効果は期待されよう。

2.2　訪日観光客の復帰を左右する要因

(1)　リスクと課題

　①　移動のリスク

　新型コロナウイルス感染症は封じ込めることができなかった要因の1つに，世界的なモビリティの拡大があるとの指摘がある[10]。

　また今回のパンデミックは突然なことではなく，ある程度予測されていたと言われる[11]。ハンス・ロスリングら（2019）では，「心配すべき5つのグローバルなリスク」の第一に，「感染症の世界的な流行」が指摘されている[12]。感染症の専門家の間ではその脅威は共通の認識としてあったが，各国の首脳をはじめ，多くの国ではその脅威すら認識されていなかったといわなければならない[13]。

　新型コロナウイルスの感染リスクは，移動や接触に対する懸念をもたらして
いる。観光客も自らが訪れた観光地に感染拡大を起こすのではないかと懸
念して旅行するのでは安心して楽しめるはずがない。徹底したリスク管理を
伴う新たな観光様式の創造や社会システムの構築が重要である[14]。訪日観光
客の復帰を保障するには，まずコロナ感染再発のリスクに対する対策を整え
る必要があろう。

　②　インバウンド促進における課題

　コロナ感染が発生する前に，インバウンドにはすでに幾つかの問題が生じ
ていた。訪日外国人旅行者数の対前年比増加率をみると，2015（平成 27）
年の約 47.1％をピークとして，近年は低下傾向にある。費目別訪日外国人旅
行者 1 人当たり消費額の推移をみても，「爆買い」が新語・流行語大賞の年
間大賞を受賞した 2015（平成 27）年をピークに買物代は減少傾向にあり，
訪日外国人旅行消費全体として頭打ちとなっている[15]。

(2)　近隣性の意義

　インバウンド成否の決定要因となるのは，東アジアからの訪日観光客数で
ある。

　表 3 は，2009 年から 2019 年までの国別・地域別訪日外国人数の推移を示
している。伸び率で目立つのは，いわゆる中国語圏に属する中国大陸，香
港，台湾であった。また，日本政府観光局（2020）によると，訪日インバウ
ンド観光客数全体に占める中国大陸，香港，台湾のインバウンド観光客数
の割合は，2000 年の 31.7％から 2019 年に 52.6％にまで上昇してきた[16]。訪
日インバウンド観光客数の半分は中国語圏から来ており，中国語を母語とす
る観光客が日本のインバウンド市場において決定的に重要であることが分か
る[17]。この実態は，コロナ収束後に中国をはじめ東アジア（香港，台湾，韓
国）からいかに観光客を呼び戻すかによってインバウンドの成否が決められ
ることを示唆していると言えよう。

　表 4 は，国籍・地域別に訪日旅行者の渡航目的を示している。観光目的を

意味する「観光・レジャー」は全体の平均で76.8%であるが，台湾や中国および韓国がこれを上回った。この数値からも，訪日インバウンド観光客数を増やすには，特に中韓など東アジアの国や地域を施策の重点に置くべきであろう。

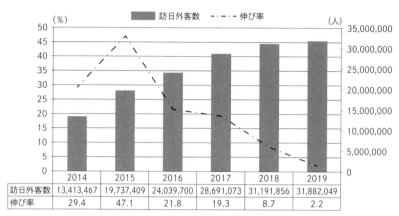

	2014	2015	2016	2017	2018	2019
訪日外客数	13,413,467	19,737,409	24,039,700	28,691,073	31,191,856	31,882,049
伸び率	29.4	47.1	21.8	19.3	8.7	2.2

出典：観光庁「月別・年別統計データ（訪日外国人・出国日本人）」[18] に基づき，筆者作成。

図3　外国人観光客数および伸び率の推移

表3　国別・地域別訪日外国人数の推移

	2009 年	2019 年	伸率
総数	6,489,658	31,882,049	469.6%
アジア計	4,814,001	26,819,278	557.1%
韓国	1,586,772	5,584,597	351.9%
中国	1,006,085	9,594,394	953.6%
台湾	1,024,292	4,890,602	477.5%
香港	449,568	2,290,792	509.6%
タイ	177,541	1,318,977	742.9%
インド	58,918	175,896	298.5%
ヨーロッパ計	800,085	1,986,529	248.3%
英国	181,460	424,279	233.8%
フランス	141,251	336,333	238.1%
ドイツ	110,692	236,544	213.7%
イタリア	59,607	162,769	273.1%
北アメリカ計	874,617	2,187,557	250.1%
米国	699,919	1,723,861	246.3%

出典：観光庁「月別・年別統計データ（訪日外国人・出国日本人）」[19] に基づき，筆者が作成。

表4　国籍・地域別旅行者の渡航目的

	全国籍・地域	韓国	台湾	中国	シンガポール	ベトナム	インド	英国	ドイツ	フランス	米国
観光・レジャー	76.8	77.8	88.5	84.2	71.3	44.3	21.3	44.5	47.8	60.1	52.3
親族・知人訪問	4.8	5.3	2.8	2.8	2.3	9.7	5.9	6.3	8.5	10.3	11.3
ハネムーン	0.4	0.1	0.2	0.3	0.2	0.3	0.1	1.6	0.0	0.8	0.7
学校関連の旅行	0.5	0.6	0.1	0.5	0.2	1.0	0.4	0.2	0.6	0.8	0.6
スポーツ・スポーツ観戦	0.9	0.2	0.2	0.1	1.8	0.0	0.5	14.6	0.9	2.7	1.1
イベント	0.5	0.7	0.5	0.3	0.1	0.4	0.5	0.1	0.1	0.5	0.4
留学	0.8	0.5	0.5	0.7	0.1	4.7	1.2	0.8	1.7	2.5	1.1
治療・検診	0.2	0.1	0.5	0.1	0.0	0.4	0.0	0.0	0.0	0.0	0.0
インセンティブツアー	0.3	0.2	0.1	0.3	0.2	1.8	0.6	0.0	0.1	0.7	0.1
展示会・見本市	0.9	1.1	0.8	1.1	2.0	2.0	1.5	0.7	1.2	1.8	0.6
国際会議	1.2	0.7	0.6	0.4	2.4	2.1	6.0	3.2	4.5	2.5	2.5
企業ミーティング	4.1	4.5	1.5	2.5	8.8	7.6	29.1	9.4	13.8	6.4	8.7
研修	1.4	0.7	0.4	1.2	1.8	9.3	3.1	0.8	2.2	1.4	2.1
その他ビジネス	6.3	6.3	2.8	5.1	8.1	13.3	26.3	16.3	16.5	8.8	14.9
トランジット	0.4	0.1	0.1	0.0	0.3	1.4	3.2	0.5	0.5	0.4	2.8
その他	0.6	1.0	0.4	0.4	0.4	1.7	0.4	0.4	0.8	0.3	0.9

出典：観光庁（2020）のデータに基づき，筆者が編集。

　国際的に見ても近隣性が国別のインバウンド観光客数を左右する重要な要素の1つである。

　フランスは年間8,400万人のインバウンド観光客が訪れ，30年間観光客数世界一の記録を保持し続けているが，国別観光客数ランキングで見ると，1位のドイツが1,280万，2位のイギリスが1,180万など1～7位までヨーロッパの近隣国で計5,920万人であり，7カ国だけで7割を占めていた[20]。

　Mckercher & Lew（2003）では，41の主要なソース市場から146の目的地への出発訪問者比率の分析を通じて，世界の観光客の流れに対する距離の影響を考察した。この調査では，全外国旅行の80％が，ソース市場から1,000km以内の国に発生し，いくつかの例外を除いて，遠方に位置する目的地は1％または2％を超える出発訪問者のシェアを獲得することが非常に困難であると結論付けている。ただし，各距離コホート内のシェアの高いボラティリティも注目された。距離によるシェアの変動は，市場へのアクセスと目的地内の観光開発のレベルが，距離に関係なく移動パターンを歪めることを示唆している[21]。

(3)　中国人訪日観光客復帰の可能性

　前節で述べたように，近隣性がインバウンドを左右する最重要要因の1つである。中でも隣国中国は世界一の人口を擁しながら，経済の高度成長が40年間続いてきたことを背景に世界最大な観光大国に成長している。

　中国の観光産業は，本質的に人口の多い国の「スーパーツーリズム」であり，現在，すでに世界最大の国内観光市場と国外観光市場となっている。2019年，中国の国内観光客数は60億6,000万人に達し，国外旅行者数は1億5,463万人，年間の総観光収入は6.63兆元であった[22]。

　中国人の本格的な訪日観光は2000年の観光査証の解禁により始まった。2000年当時の訪日外客数の総数は476万人であり，その内中国人の割合は35万人で全体の8.2%に過ぎなかった。この20年間で訪日中国人は約27倍までに拡大し，中国は日本のインバウンドを支える重要なマーケットにまで急成長した[23]。

　2000年以降，中国人訪日旅行拡大の背景には中国の開放政策後の経済力（所得水準）の向上や為替といった経済的な理由もあるが，その拡大の推進力となった具体的な要因としては，「訪日観光ビザの緩和政策」「インターネットによる旅行の普及」「新たな価値観を持った世代の台頭」「映画コンテンツの効果」が要因として考えられる[24]。

　1997年に，中国人の国外旅行が解禁された。その後，中国人の国外旅行者数は2014年に1億人を突破して，直近の2019年には1億6,921万人に達した[25]。

　これまでの中国人訪日観光客の増加動向およびパンデミック収束後の訪日再興の可能性を考える場合，中国の経済状況を背景とした中国人のアウトバウンド＝国外旅行の傾向を理解する必要がある。復帰UNWTOの統計によると，中国のアウトバウンド観光における1人当たりの支出金額は1人当たり国民所得の22.54%にあたるが，欧米の先進国は基本的に約2.56%である。つまり中国人は欧米諸国のほぼ10倍にあたり，より多くの収入を国外旅行に投じている。これは，中国人のアウトバウンドが持続的に増加し

ていく要因になると思われる。国際機関の予測によると，中国の経済総計
は 2030 年に米国を超える可能性があり，1 人当たり GDP は 2 万米ドルに達
し，都市化率は 65％以上に達し，中所得層の数は 9 億 5,000 万人，中所得者
の割合は 70％に達するという[26]。今後も中国人の国外旅行は増え，日本へ
のインバウンドも拡大する可能性が示唆されていると言えよう。

　一方，韓国，台湾，香港の主要 4 市場からの訪日外国人旅行者数は，新型
コロナウイルス感染症が拡大する以前の 2018 年下期あたりから伸び悩みを
見せていた[27]。コロナ危機の到来により，主要市場の停滞問題がそれほど注
目されなかったが，コロナ収束後は再浮上する可能性は十分考えられる。

2.3　グローバル的な挑戦と変革の機会

(1)　サスティナブル・ツーリズムの概念

　コロナ感染前から，持続可能な観光の開発について世界的に議論されてき
た。

　世界観光機関である UNWTO は 1988 年に観光開発の規定として，サス
ティナブル・ツーリズム（Sustainable Tourism），即ち「持続可能な観光」
の概念を打ち出した。この規定によると，「持続可能な観光開発とは，現
在の旅行者と受け入れ地域の需要に適合しつつ，次世代のための機会を守
り，強化するものである。あらゆる資源を活用するにあたっては，文化の
尊重，大切な生態系環境，生態系の多様性，生命を支える仕組みを維持しな
がら，経済的，社会的，美的な必要性を満たさなければならない」。また，
UNWTO は持続可能な観光開発を進める上で，「生態系の維持，生物多様性
の保存をしつつ，環境資源の最適な利用」，「ホストコミュニティの社会的文
化的伝統の尊重」および「社会・経済的利益の公正な配分」という 3 つの要
件を提示している[28]。

　国連は，2015 年に持続可能な開発目標（SDGs：Sustainable Development
Goals）を公表した以降，その目標達成に向けた取り組みが，各国で行

われてきたが，この動向は「持続可能な観光」の進め方にも影響を及ぼ
した。UNWTO は，2017 年を「開発のための持続可能な観光の国際年
(International Year of Sustainable Tourism for Development)」と定め，
サスティナブル・ツーリズムについて，「訪問客，産業，環境，受入地域の
需要に適合しつつ，現在と未来の経済，社会，環境への影響に十分配慮した
観光」と定義し，経済，地域社会，環境の3つの側面において適切なバラン
スが保たれることが，持続可能な観光の実現にとって重要であるとしてい
る[29]。

　さらに，UNWTO，国連環境計画等の呼びかけにより，2007 年に国際非
営利団体として「グローバル・サスティナブル・ツーリズム協議会 (Global
Sustainable Tourism Council)」が発足した。同協議会は，持続可能な観
光の共同理解を深めることを目的に，UNWTO ガイドブックの内容等を
踏まえつつ，2008 年に宿泊施設およびツアー・オペレーター向けの「産
業界向け世界持続可能な観光基準」(Global Sustainable Tourism Criteria
for Industry[30]) を発表した。さらに 2013 年に観光地版として，「デスティ
ネーション向けの世界持続可能な観光基準」(Global Sustainable Tourism
Criteria for Destination[31]) を開発し，現在，世界の複数の観光地において
適用される基準となっている。

　この基準における指標は，経済，社会文化，環境のトリプルボトムライン
とマネジメントという4つの側面から体系化されている。

① 持続可能な観光地マネジメント
② 地域社会における経済利益の最大化，悪影響の最小化
③ コミュニティ，旅行者，文化資源に対する利益の最大化，悪影響の最
　小化
④ 環境に対する利益の最大化，影響の最小化

日本のインバウンド観光において，上記の目標を目指すには，廉価のコー
スを選ぶ観光客より消費額の比較的高い観光客，日帰り客より観光地での宿
泊をする観光客をできるだけ多く誘致する施策の展開が必要であろう。

(2)　コロナ危機によるリセット

　持続可能な観光についての議論は早くから活発化してきたが，一般大衆の観光需要拡大と大量移動手段の発達を背景としたマス・ツーリズムの勢いを止めるすべもなく，むしろより積極的な誘致策が各国および各観光地において展開されてきた。そうした中，オーバーツーリズムに関する議論は盛んになっても，実際取られた対応策は限定的なものであった。観光客の価値観や意欲および行動に決定的な影響を及ぼすには力不足であった。

　しかし2年以上に及ぶコロナ危機によって，観光業，特にインバウンド観光のリセットをもたらし，再スタートの機会となったのである。コロナ危機の性質および影響は，社会経済活動および産業としての観光にとってこれまでの危機と異なるだけでなく，深刻で長期的な構造的および変革的変化をもたらす可能性があることを示唆している[32]。世界的かつ巨大な規模，多次元的で相互に関連した影響が，既存の価値観やシステムに挑戦し，世界的な景気後退と不況を招いたことは，今回のパンデミックの最も典型的な特徴であるが，これによって，観光客の価値観や行動様式に変化が生じる可能性が現れている。

　コロナ危機に伴うリセットを経て，今後観光が再開されても，オーバーツーリズムに悩まされてきた有名観光地では，様々な規制を設ける可能性がある[33]。この規制は感染拡大防止のための密閉・密集・密接を避ける対応が相まって，持続可能な観光への議論に新たな課題を呈する可能性がある[34]。

　観光産業が危機的な状態にある中，コロナ危機は現代のグローバルな観光システムの弊害（オーバーツーリズム問題，環境の悪化，観光資源の枯渇・汚染，劣悪な労働環境など）を修正・再組織化し，より良い方向に革新する転機であるという議論が批判的観光研究者を中心に繰り広げられている[35]。

　観光の変革をめぐる議論は，コロナ危機を契機として観光の変革に希望を見出そうとする議論と，観光の変革を否定的にみる議論の2つに分類される。

　前者の希望を見出そうとする議論では次の根拠が挙げられている。それら

は，①コロナ危機を契機として現代観光を支える社会構造の変革が期待できるから；②コロナ危機の切迫した状態から観光の変革への希望が見出せたから；③コロナ危機を契機として観光・ホスピタリティ教育における価値変革への希望が見出せたからである，などである。一方，変革否定論には，①変革より回復を優先すべきであること，②過去の危機から見て観光の変革は起こらないと考えられること，③変革が目指す「責任ある観光」の実践は，観光における不正義や搾取などの問題を解決することができないこと，④現代の新自由主義社会においては観光の変革は不可能であること，等が根拠として挙げられている[36]。

(3) 日本におけるインバウンドのあり方

　筆者はインバウンドに関しては，基本的に拡大路線に沿って進めるべきであるが，局部的に発生している，いわゆる「オーバーツーリズム」現象に関連して，観光地の経済活性化に寄与する方向へ国や自治体などが政策の微調整を行う必要もあると考えている。インバウンドの誘致を積極的に進める理由を，以下の4点挙げたい。

①　コロナ感染は予想よりも長引いているが，過去のパンデミックの歴史を見るに，いずれは収束するであろう。収束後は観光業界の再興が最優先課題になるものと考えられる。

②　観光の拡大がコロナ感染を広げたわけではなく，コロナ感染が発生したため観光ができなくなったのであり，コロナ危機の収束を待って再興を図る必要があるが，危機そのものが観光の変革の契機になるとは考えられない。

③　コロナ危機を経ても，経済活性化に寄与するインバウンドの意義は変わっていないと思われる。

④　前述したように，観光産業は，仲介の役割を担う旅行会社をはじめ交通・運輸，宿泊，飲食サービスなど多くの異業種を含む業界であり，その全体にわたる変革は困難であろう。一方，一部の観光地への観光客過

多の訪問によって引き起こされる「オーバーツーリズム」現象に関連して，過多性を緩和させる政策の微調整を行うことが望ましい。以下，「2.4」にて詳述する。

2.4　オーバーツーリズムについて

(1)　問題の提起

近年，観光業界や観光学界においてオーバーツーリズム（Over Tourism，略称 OT，以下 OT と記載）問題に関する議論は活発化している。この問題は，欧州の都市型観光地における過度な観光客の増加や観光地化によって，地域住民の生活の質を低下させる実態に対する指摘をきっかけに浮上してきたが，日本においても，京都など歴史的街並みを有する都市などに観光客の急増に伴う OT 現象が現れ問題視されている[37]。

橋本（2021）によると，一般観光者にとって一般生活者は「そと」の存在であり，観光のまなざしの対象となる。一般生活者にとって一般観光者もまた「そと」の存在であり，迎える（時に拒否する）対象となる[38]。OT 現象は，対象観光地を訪れる一般観光者の人数と観光活動が，一般生活者（一部）にとって心理的な許容の限界を超えているために発生した状態である。

新型コロナの感染拡大は，観光業界全体の活動凍結を招いているが，OT 問題に関する議論にも影響を及ぼしている。1つは，OT 問題が感染拡大をもたらす要因の1つであるという考え方である。もう1つは，新型コロナの感染に伴う観光業界の大不況を OT 問題解決の機会としてとらえる見方である。コロナ禍の時間は，今一度観光を見直し，対策を考える機会とすべきだという[39]。

ウィズコロナ時代の試行錯誤（バーチャル観光やオンラインツアーなど）は続くのか，はたまた単に以前に戻るだけなのか，それだけは勘弁してほしい，というのがオーバーツーリズムに苦しんだ観光地の思いであろう。

アフターコロナの観光についての検討は，観光研究者や関係者のほうです

でに進められている。より安心で安全な観光客の受け入れ方や，リピーターを増やす体験型観光，興味を深めるガイドツアーなどが提案されている。さらに具体策に関する議論にとどまらず，そもそも観光とは何かという本質論もあらためて問われるようになり，それに関する考察の不十分さが，思いがけぬ観光客急増に戸惑い，「観光公害」を引き起こしたとも言われている[40]。

　新型コロナにより観光産業がリセットされる状態に陥った背景のもと，観光振興を不要とする考え方を持つ住民と，観光振興を望む住民との意識の対立が拡大した[41]。

　西川（2021）によると，観光による良い影響・悪い影響を尋ねる質問では，観光関係者の方がいずれも「とてもそう思う」を選択した比率が非関係者よりも多く，非関係者は「あまりそう思わない」の比率が高い。良い影響の具体的な内容として最も多いのは「観光客の来訪によって街の賑わいが生まれていた」である。観光関係者は仕事での良い影響や国際交流，非関係者は地域に対する愛着を選択する比率が高い。一方，悪い影響については，「観光客の車やバス等で交通渋滞が激しかった」と「まちなかが観光客で混雑して歩きにくかった」がともに 6 割強と高い。また，観光関係者はゴミ投棄や生活利便性の低下，治安，疎外感，文化財・自然破壊の損失に対する選択率が高い[42]。

　少子高齢化と人口減少社会で我が国の産業が衰退する中，地域経済を支える上で観光は重要な意味を持っている。そのため，観光に対する地域住民間の意識に違いはあってもそれを乗り越えて，新型コロナ克服後の観光振興を目指さなければならないであろう[43]。

　全体的な傾向として，OT 期における観光振興への意識と新型コロナ収束後の観光振興への意識は比例関係にあった。新型コロナ収束後に観光振興に肯定的な比率は，OT 期に比べると高まっており，OT 期には観光振興に否定的であったものの，緊急事態期の観光や生活意識の変容から，新型コロナ収束後の観光振興への意識が肯定へと変化した層も確認された[44]。

　こうした層は新型コロナ収束後の観光復興を推し進める上での重要な力と

なることが期待される。ただし，観光振興に肯定的と言え，その内実は多様であり必ずしも観光客数の拡大や消費拡大ではなく，地域の魅力を探求できる観光客を求めていることを念頭に入れなければならない[45]。一方で観光振興を否定する立場の住民が一定数存在することに留意する必要もある。特に，OT 期に生活環境が悪化するという悪影響を受けてきた住民は新型コロナを通じて生活環境が改善したと認識し，収束後の観光振興には否定的であることが相関分析から見られる。また，こうした悪影響を受けてきた住民は，観光客が不在となった結果，住民自らが地域の魅力を満喫する傾向が確認された。だが，地域の魅力を満喫したことと新型コロナ収束後の観光振興の肯定意識との相関は確認できない。つまり，観光客の不在により，自身の居住する地域の魅力を認識することには繋がっていても，その魅力を活用した観光振興へと意識は向いていないのである[46]。

　現在，新型コロナからの観光復興のための考え方として，「マイクロ・ツーリズム」や地域内での観光流動を高めていこうとする動きや，それを通じて地元住民の地域への愛着を高めていこうとする取り組みが見られるが，本研究で明らかになったのは，OT 観光地においては，OT 期に生活環境が悪化していた人ほど地域の魅力を満喫する傾向にあるものの，今後の観光振興を不要と認識する傾向があることである。ここから，OT 観光地の新型コロナの影響からの観光復興のあり方は，他の観光地とは異なる可能性があるという[47]。

　しかし，OT 観光地であるほど，地元住民の生計も観光に多く依存しているはずで，安易に外部からの人の流入を制限すると，地域経済への打撃が大きくなり，町の荒廃を招くリスクさえある。たとえば，栃木県日光市の鬼怒川温泉の場合 1993 年のピーク時には年間 341 万人の宿泊客が訪れていたが，2019 年には 180 万人程度に落ち込み，休業・廃業する旅館ホテルの廃墟化が目立つようになった[48]。このような観光業の衰退は，OT 以上に生活環境の悪化をもたらす可能性がある。

　コロナ感染症の拡大による深刻な打撃を受けた観光界から「マイクロ・

ツーリズム」という観光モデルも提起されている。マイクロ・ツーリズムとは旅行者の現住地とデスティネーションが比較的近接している観光の形態を指しているが[49]，コロナ収束までの一時的な観光業救済を趣旨にしているものであり，長期的に発展性を有するモデルとは言えない。

(2)　マス・ツーリズム

　近年，ツーリズムに関する新しい概念が提示されている。ニュー・ツーリズム，オルターナティブ・ツーリズムそしてサスティナブル・ツーリズムなどがその代表的なものであろう。これら様々な表現がなされているが，その背景には，近代的観光のスタイルであるマス・ツーリズムへの批判の意味が含まれている[50]。

　マス・ツーリズムはその先駆者トマス・クックによって19世紀半ばに始められた禁酒運動参加のためのパッケージ・ツアーであるとよく言われる。そこでは今日のツーリズムの典型的なスタイルがすでに登場している。すなわち，ツアー内容がパッケージとなり，規格化され，多くの人をツアーに参加させるというものである。このスタイルが定着することによって，ツーリズムは制度化されることとなった。この「マス化」が近代観光の1つの特徴である。この特徴が顕著になるのは，1960年代以降労働者を中心とした一般大衆の所得向上と自由時間の増加に伴うものと捉えられている[51]。「マス化」を可能にした背景には大量移動手段の発達，モビリティの向上があることは言うまでもない。

　マス・ツーリズムのもう1つの特徴は，「ツアー内容の規格化」である。ツアーの対象とする観光資源，移動方法から宿泊施設，食事内容まで規格化され，ツアーの参加者に満足を与える。ツアーの規格化において注目をしておかなければならないのは，観光対象が旧跡，名所など社会的に承認され，制度化される過程でもあったという点である。そしてこの制度化にはマスメディアが深いかかわりを持っている。マスメディアの流す情報，そしてその地域，場所のイメージ形成は，旧跡，名所等の意味付けと深く関わって行わ

れる。

　宮本佳範はマス・ツーリズムの弊害について５つの問題を指摘している。①観光開発に伴う自然へのダメージや生活環境の悪化など観光地の環境破壊の問題，②観光対象となる文化の商品化による文化の「真正性」喪失問題，③西洋的価値観や行動様式の流入によって観光地側の文化変容をもたらす問題，④観光の利益が観光者を送り出す先進国側に還流される問題，⑤メディアで形成された観光イメージを確認するだけという観光行為の疑似イベント化問題である[52]。

　様々な弊害を伴うマス・ツーリズムに代わるものとして，ニュー・ツーリズムやオルターナティブ・ツーリズムの議論が登場している。観光庁はニュー・ツーリズムの概念を厳密な定義づけはできないとしながらも，「従来の物見遊山的な旅行に対して，テーマ性が強く，体験型・交流型の要素を取り入れた新しい形態の旅行」と捉え，テーマとして「産業観光，エコツーリズム，グリーン・ツーリズム，ヘルスツーリズム，ロングスティ」をあげ，「旅行商品化の際に地域の特性を活かしやすい」ものと捉えている[53]。

(3)　「オーバーツーリズム」の本質

　今回のコロナ感染拡大に限らず，国際観光の動向は，様々な外部要因に大きく左右され，短期間で需要が急に増派するなどのリスク，脆弱性を有する[54]。今回のパンデミックは，突然に浮上した外部要因として過去最大の負の影響をもたらしているが，パンデミック前後のオーバーツーリズムとインバウンド需要の消滅という現象は，国際観光が潜在的に有する表裏一体のリスクであり，観光需要の過剰と過少という正反対の状況ながら共通して，持続可能な観光のあり方が問われることとなった[55]。

　これまでの我が国の国際観光の動向においては，今回の安全に関わるパンデミックや震災などの災害のみならず，平和に関わる戦争，テロや諸外国との関係，経済に関わる為替，金融を含めた各国，国際経済情勢の動向などの影響を受けて大きく変動しそれらの状況などに対応して，我が国の国際観光

政策の動向も大きく変化しながら展開されてきた。

　かつて，第二次世界大戦中には今回のパンデミックと同様に，日本のみならず，世界の国際観光は，概ね中断を余儀なくされ空白期となったが，①緊急事態宣言の影響で観光施設そのものが長期の閉鎖・休業してしまうと，コロナ禍でただでさえ動きにくい観光客の客足は完全に途絶えてしまうため，観光客を相手にしている観光地の商業施設は休業せざるを得なくなる。②緊急事態宣言が解除されれば，世界文化遺産や国宝級の観光資源を有している観光地であるグラバー通りの商業施設は，緩やかにではあるが復活することも可能である。しかし一見普通に戻ったように見えても，そのまま静かに衰退・撤退している店舗もあった。③上手くいっているように見える店舗でも，観光客の最新の動向を捉え様々な取り組みに柔軟にチャレンジしている実態が分かってきた[56]。

(4)　インバウンド観光のリセットに関するキーポイント

　観光庁は従来の観光組織体に対し再編成を行っている。都道府県単位の観光連盟（一部の県によっては別称を用いることもある）があり，その下に市町村単位の観光協会がある組織体が従来型でいずれも地方自治体の一組織・部署のため各都道府県の予算事業の範囲であり，悪く言えば公務員の行う振興策である。極端に言うとその多くは毎年代り映えしないパンフレットを継続して印刷し，地元の農作物・加工品・工芸品を駅構内やイベント会場等で販売する程度のもので，そこに戦略もなければ事業性も乏しく，前年の繰り返しや隣県との横並び政策を基本とするものだ。観光庁は地方活性化のため，さらにこの従来型の組織体から大きく変革させるため「DMO」への衣替えを後押ししてきた。DMO は「稼ぐ観光組織」ともいわれ主体的に稼ぐ観光を実現する世界的スタンダードの組織づくりである[57]。

　インバウンドについて，「リモート手配」の問題が指摘されている。隣国である中国・韓国の訪日観光客は，国外からの直手配を通じて訪日したケースが多く，滞在中も旅行業法に則ってない受入れが横行し，旅行会社やイン

バウンド事業者が潤うビジネススキームには沿っていないという。最大手と言われる JTB グローバルアンドマーケティング（GMT）では，顧客の中心は欧米豪および中南米で，東南アジアを含むアジア特に中国・韓国はビジネスにならないと聞く。コロナ禍で業界秩序が再構築されるなら，これらの安い・儲からないマーケットの原因であるリモート手配を排除し，正当な価格で提供するサービスへの転換を望む[58]。

　コロナ禍によってもたらす観光業の危機が最大の機会に転換する契機になるというなら，極端の需要減退に伴う業界の新陳交代が必要であろう。オーバーツーリズムの解消も新陳交代によって実現されると思われる。オーバーツーリズムは低価格ツアーの企画や実施を事業の中心に据える格安航空会社，旅行会社および宿泊施設などのビジネス展開を背景にしていた。

　観光客数の過剰はオーバーツーリズム発生の最大要因であるため，観光ツアーおよび関連サービスの個性化，高価格化，高品質化に観光客数の過剰を減らす効果が期待されよう。

① 　インバウンド観光客の過剰は，誇張しすぎた面もある。オーバーツーリズムを論じる先行研究を見ても，受容能力を超える観光客の到来に直面していた地域は，極めて限られている。

② 　観光客の過剰というよりインバウンド推進に供えるためのインフラ整備の遅れに帰すべき側面が無視されている。たとえば，よく指摘される外国人観光客のマナー問題は，トイレやゴミ捨て場の整備や交通渋滞の緩和など受け入れ環境の整備が十分行われていないことに起因している側面が大きい。

③ 「インバウンド観光客の集中で日本人観光客が減少する現象」という指摘は本末転倒とは言える。インバウンド推進策以前から日本人の国内観光が減少または停滞していた。観光地にとって日帰りが多い国内の観光客より，宿泊客の比率が高い外国人観光客は，より多くの経済的利益をもたらしている。

　一方，局部的に発生している問題とは言え，観光客の過多による負の影響

表 5　白川郷の観光入込客数の推移（単位：千人）

年	合計	日帰り客	宿泊客	宿泊客／合計（%）
1989	660	545	115	17.4
2017	1,761	1,666 (613)	95 (37.9)	5.4

出典：張・森田（2020）のデータに基づき，筆者が作成。

をへらすために，国や自治体は政策を一部修正する必要があると思われる。前述の「デスティネーション向けの持続可能な観光基準」に従えば，日本における持続可能な観光マネジメントを展開するには，以下の取組みが求められよう。

　①　人気スポットの人数制限

　観光客の過多事例として，ユネスコの世界遺産（文化遺産）に登録された「白川郷・五箇山の合掌造り集落」というスポットが挙げられる。白川郷には，年間居住者の 3,000 倍に相当する観光客が殺到している[59]。人数制限の有効な対策は，入村料の引き上げや駐車制限など容易に思いつくが，課題は住民同士の協議における合意の達成である。ツアーバスとマイカーの乗り入れ規制が過去に提案されていたが，不特定多数の観光客を対象とする一部の土産物店から不満があり，住民合意に至らなかった[60]。

　②　宿泊旅行への誘導

　「デスティネーション向けの持続可能な観光基準」に提示される基準により，地域社会における経済利益の最大化を図る必要があるが，そのため人気スポットに対する人数制限についても，観光客数を一律に抑えるのではなく，日帰り客を制限し，宿泊客数を逆に増やす政策が求められよう。白川郷の例を見れば，近年，日帰りの「通過型」観光客が急速に増え，OT 現象の深刻化を招いている。2017 年には観光客数が 176 万人に達していたが，宿泊客逆に 10 万人を割り，比率も 5.4 ％に落ち込んでいた（表 5）。観光客 1 人当たり観光消費額は 2,800 円しかなく，宿泊客に比べて，6 分の 1〜10 分の 1 程度という[61]。このような背景の下，白川郷では一定の観光収入を確保するために，観光客数増大という「薄利多売」の構造を維持せざるを得な

い。このような OT 現象を改善するためには，たとえば，入村料を大幅に引き上げた上，宿泊客限定で割引を行ったり，宿泊客の個人と団体にだけ無料駐車場を提供したりするなどの対策により，宿泊客数の増加を図る必要があると思われる。

③　価格の適正化

上述の①と②の目標を達成するには，観光客数の過剰によって人気観光地の自然や生活環境にかけたコストを観光客に転嫁する対策は不可欠であろう。その転嫁は，単に各種サービスや商品の値上げを行うのではなく，良質な観光商品またはサービスに見合う価格の維持を図るべきであり，低価格化による廉価版観光サービスの回避に努めるべきである。これには，観光業界の各業種が一致して取り組むことが必要であろう。

④　過度な廉価版交通と宿泊への規制

上述の③を実現するには，人気スポットへの格安なアクセスに対しても制限をかける必要がある。

2.5　まとめ

本章は，パンデミックの収束およびインバウンド観光の回復における課題について論じた。回復の基本条件としては，コロナ感染状況の収束，各国の出入国管理の正常化，受入れに関する住民意識の回復，各国の観光客による日本訪問意欲の回復という 4 つの点が挙げられよう。

訪日観光客の復帰を左右する要因としては，まず，コロナ感染再発のリスクに対する対策を整える必要があろう。

また，高成長が続いたインバウンド観光は，2015 年以降停滞気味に陥っていた。より効果的な促進策が求められている。

コロナ感染収束後にインバウンド観光を復興させる各種施策を施すのに，中国をはじめ東アジアが重要であることを踏まえて最重点的に政策立案を考える必要がある。

　中国人の訪日は，同国での都市化率上昇や中所得層の拡大を背景に，今後も回復し，拡大する可能性がある。一方，韓国，台湾，香港のからの訪日は，新型コロナウイルス感染症が拡大する以前に伸び悩みを見せていた。

　コロナ危機をきっかけにして，コロナ感染前から，持続可能な観光の開発をめぐって世界的に議論されてきたオーバーツーリズム等の課題に関して，変革の機会が現れたとの見方がある。

　日本のインバウンド観光はまだ本格展開の時期が浅く，それほど深刻な問題は発生しているとは言えないが，グローバル・サスティナブル・ツーリズム協議会が発表した持続可能な観光基準に従えば，廉価のコースを選ぶ観光客より消費額の比較的高い観光客，日帰り客より観光地での宿泊をする観光客をできるだけ多く誘致する施策の展開により，地域社会における経済利益の最大化を図る必要があろう。

　変革をめぐって，コロナ危機を契機として観光の変革に希望を見出そうとする議論と，観光の変革を否定的にみる議論の対立があるが，筆者はインバウンドに関しては，基本的に拡大路線に沿って進めるべきであるが，局部的に発生している，いわゆる「オーバーツーリズム」現象に関連して，観光地の経済活性化に寄与する方向へ国や自治体などが政策の微調整を行う必要もあると考えている。

　OT問題に関しては，日本はまだほんの一部の地域に限られる問題に過ぎない。大半の観光地において，安易に流入制限だと，町の荒廃を招く結果になりかねない。一方，人気スポットの人数制限，宿泊旅行への誘導，価格の適正化といった取り組みを通じて，インバウンド観光の健全化を図る必要があると思われる。

　中国人訪日観光客は，当国の人口規模および経済成長，パンデミック発生前までの10年間における訪日客数増加率，外国人訪日観光客に占める圧倒的なシェアといった状況からすれば，今後我が国のインバウンド観光の回復と拡大に最も影響を及ぼす要素になると思われる。このような考えを踏まえて，第3～5章を通じて，中国人観光客の訪日を左右する要因の考察を行う。

注

1　橋本和也（2021）「コロナ禍以後の観光：「一般生活者・一般観光者」の民俗的視点から（小特集　人文科学における観光研究）」『立命館大学人文科学研究所紀要』125, 125-150頁。

2　橋本（2021），前掲注1。

3　UNWTO（2020f）, Supporting Jobs and Economies through Travel & Tourism.（https://webunwto.s3.eu-west-1.amazonaws.com/s3fs-public/2020-04/COVID19_Recommendations_English_1.pdf, 2020年8月20日参照）

4　Novelli, M., Gussing, Burgess L., Jones, A. and B. W. Ritchie（2018）, "'No Ebola…still doomed'-The Ebola-induced tourism crisis," *Annals of Tourism Research*, 70, pp. 76-87.（https://linkinghub.elsevier.com/retrieve/pii/S0160738318300306.）

5　株式会社医師のとも（2022）「医師842名が予測する『第6波の到来』や『新型コロナウイルス感染症の収束時期』に関するアンケート調査結果発表！～オミクロン株の脅威はどこまで拡大するのか～」（https://prtimes.jp/main/html/rd/p/000000047.000023562.html）。

6　薬文江・下野裕太（2022）「世界経済悪化，中国で12%に上昇　22年見通し　日中韓経営者アンケート」『日本経済新聞』2022年1月14日。

7　張善会（2021）「価値共創マーケティングによる顧客の文脈価値生成プロセスの一考察：SEKAI HOTELの事例をもとに」『大阪産業大学経営論集』22（1・2），43-64頁。

8　日本政策投資銀行・日本交通公社（2020）「DBJ・JTBF アジア・欧米豪訪日外国人旅行者の意向調査（2020年度新型コロナ影響度特別調査）」（https://www.dbj.jp/upload/investigate/docs/0f94041ee3e610e155c479b6da1cda15.pdf）。

9　「『原油高と世界の新秩序』テーマに講演　札幌日経懇話会」『日本経済新聞』電子版2022年6月2日（https://www.nikkei.com/article/DGXZQOFC024BR0S2A600C2000000/）。

10　米田公則（2021）「「新しい観光」の諸概念をめぐって」『椙山女学園大学研究論集　社会科学篇』52, 71-81頁。

11　米田（2021），前掲注10。

12　ハンス・ロスリング＝オーラ・ロスリング＝アンナ・ロスリング・ロンランド著／上杉周作・関美和訳（2019）『Factfulness：10の思い込みを乗り越え，データを基に世界を正しく見る習慣』日経BP社。

13　米田（2021），前掲注10。

14　戸田常一（2021）「新型コロナウイルスによる災禍とリスクマネジメント：観光分野を中心として」『安田女子大學紀要』49, 259-269頁。

15　渡邉（2020），前掲第1章注14。

16　日本政府観光局 2003-2020。

17　劉超（2021）「長崎県の観光地における中国語の言語景観の研究の意義」『観光学論集』16, 75-83頁。

18　観光庁，月別・年別統計データ（訪日外国人・出国日本人）（https://www.jnto.go.jp/jpn/statistics/visitor_trends/index.html）。

19　観光庁，月別・年別統計データ（訪日外国人・出国日本人）（https://www.jnto.go.jp/jpn/statistics/visitor_trends/index.html）。

20　「【前編】観光立国1位。なぜフランスは世界中から人が訪れるのか」（http://www.arange.co.jp/inbound_news_arange_france_inbound_01/）。

21　Mckercher, B. and Lew, A. A.（2003）, "Distance Decay and the Impact of Effective Tourism Exclusion Zones on International Travel Flows〔J〕," *Journal of Travel Research*, 42（2）, pp. 159-165.

22　文化和旅游部（2019）文化和旅游发展统计公报［R］，北京：文化和旅游部（Ministry of Culture and Tourism, Cultural and Tourism Development Statistical Bulletin［R］, Beijing: Ministry of Culture and Tourism, 2019）。

23　三木日出男（2021）「中国国際観光産業の発展経緯と今後の訪日旅行の可能性」『玉川大学観光学部紀要』8，57-70頁。

24　三木日出男（2021），前掲注23。

25　三木日出男（2021），前掲注23。

26　World Tourism Organization (2019), *International Tourism Highlights*, 2019 edition［M］, Madrid: UNWTO.

27　石黒侑介（2020）「With コロナ時代の北海道観光再考：インバウンド観光は必ず戻る」『ほくよう調査レポート』292，19-25頁。

28　米田公則（2021）「「新しい観光」の諸概念をめぐって」『椙山女学園大学研究論集 社会科学篇』52，71-81頁。

29　岩田賢（2021）「サステナブル・ツーリズムの確立と観光指標の意義：持続可能性を担保する経済，地域社会・文化，環境の3領域間での適切な均衡の確保」『サービソロジー』7 (2)，57-62頁。

30　Global Sustainable Tourism Council (2008), *Global Sustainable Tourism Criteria for Industry*. (https://www.gstcouncil.org/gstc-criteria/gstc-industry-criteria/)

31　Global Sustainable Tourism Council (2013), *Global Sustainable Tourism Criteria for Destination*. (https://www.gstcouncil.org/gstc-criteria/gstc-destination-criteria/)

32　Sigala, M. (2020), "Tourism and COVID-19: Impacts and implications for advancing and resetting industry and research," *J. Bus. Res.*, 117, pp. 312-321.

33　薬師寺浩之（2021）「新型コロナウイルス感染症がもたらした危機からの観光の回復と危機を契機とした変化・変革をめぐる論点の整理」『立命館大学人文科学研究所紀要』125, pp. 151-184.

34　岡本岳大（2020）「「コロナ後の旅行」は"3つの点"で大きく変わる：インバウンドブームの終わりと始まり」(https://toyokeizai.net/articles/-/354108，2022年2月10日参照)。

35　薬師寺（2021），前掲注33。

36　薬師寺（2021），前掲注33。

37　高坂晶子（2019）「求められる観光公害（オーバーツーリズム）への対応」『JRI レビュー』6(67)，97-123頁。

38　橋本（2021），前掲注1。

39　西村弘（2021）「観光の形而上学：コロナ禍で考える観光の本質（青木真美教授定年退職記念号）」『同志社商学』73 (2)，295-313頁。

40　西村（2021），前掲注39。

41　西川亮（2021）「オーバーツーリズム観光地における新型コロナウイルス流行後の住民の観光に対する意識に関する研究—観光との接点を有する住民を対象として—」『観光研究』32 (2)，53-66頁。

42　西川亮（2021），前掲注41。

43　西川亮（2021），前掲注41。

44　西川亮（2021），前掲注41。

45　西川亮（2021），前掲注41。

46　西川亮（2021），前掲注41。

47　西川亮（2021），前掲注41。

48　国土交通省「I. 鬼怒川温泉の課題」(https://www.mlit.go.jp/kokudokeikaku/souhatu/h16seika/06jyuurai/06_fuji_you2.pdf)。

49　石黒 (2020)，前掲注 27。

50　米田 (2021)，前掲注 10。

51　大橋昭一・橋本和也・遠藤英樹・神田孝治 (2014)『観光学ガイドブック』ナカニシヤ出版，第 3 章。

52　宮本佳範 (2009)「"持続可能な観光"の要件に関する考察」『東邦学誌』38 (2)，16-17 頁。

53　観光庁資料 (https://www.mlit.go.jp/common/000116863.pdf)。

54　新井直樹 (2019)「インバウンド観光の効果と課題 (特集　訪日外国人 3 千万人時代)」『統計』70 (5)，44-50 頁。

55　新井 (2021)，前掲第 1 章注 21。

56　小野澤・浦ら (2021)，前掲第 1 章注 24。

57　石黒 (2020)，前掲注 27。

58　石黒 (2020)，前掲注 27。

59　張海燕・森田優己 (2020)「歴史的資源保存地域における観光マネジメントの課題—白川郷・石見銀山・有松を例として—」『桜花学園大学学芸学部研究紀要』12，17-37 頁。

60　森田優己 (2009)「『石見銀山方式パーク＆ライド』と『歩く観光』」『トランスポート 21』36。

61　張・森田 (2020) 前掲注 60。

第3章

訪日中国人観光客の
観光需要に関わる経済要因について
——所得弾力性の視点を中心に——

3.1　はじめに

　我が国は，2003年を「訪日ツーリズム元年」と位置づけ，「観光立国」の実現を国家戦略として，推進して以来，訪日外国人観光客数が増え続け，2017年は，前年比19.3％増の2,869万人に達し，日本経済の低迷が長引く中，「観光効果」に景気回復への期待も託されている[1]。

　特に牽引力が大きいのは，中国人観光客数の増加と消費支出の拡大である。2017年の訪日中国人観光客は736万人に達し，訪日外国人観光客数の国籍・地域別で1位であり，25.6％のシェアを占めているばかりでなく，その旅行消費額が1兆6,947億円と全体の38.4％を占め，訪日外国人観光客による経済効果を左右する存在であると言っても過言ではない[2]。

　本研究は，こうした背景を踏まえ，インバウンド観光において最も影響力の大きい中国人の訪日観光需要が今後どのように変動するか，観光消費行動の特徴という視点からその経済的要因について考察を行うこととする。

3.2　先行研究と本研究の意義

　本節では，観光客数の影響要因，中国における観光業の発展を促進させた要因，観光消費の特徴，観光需要の経済要因の4点について先行研究のレ

ビューを行う。

(1)　訪日観光客数の影響要因について

　張（2017）は，訪日観光客数は日中の政治関係，世界経済の状況や伝染病の流行，為替レートの動向や訪日ビザ政策など様々な要素に影響されるとしている[3]。

　黄（2017）は，2000 年以降の訪日中国人観光客の増加の背後にある主な要因としては，中国人に対する 2000 年の団体観光ビザ解禁および 2009 年の個人観光ビザの発給開始が，特に重要と見ている[4]。

　2000 年には，対象地域が北京，上海，広州に制限され，日中双方から 1 名ずつの添乗員の義務付けや日本滞在中の自由行動制限および高い年間所得基準の設定などの厳しい条件があったが，2010 年には，年収 60 万円程度にまで条件が緩和され，ビザ発給地も中国の内陸部や東北地域にまで拡大した。さらに，2011 年には，3 年間の間に何度も日本を訪問できる「数次査証」の発給も始まった[5]。

　馬（2017）は，中国人観光客が増加する 3 つの理由として，国外旅行ができる資金力を持つ中国人の増加，2015 年 1 月からビザ発給要件の緩和といった促進政策の展開，円安の進行による日本旅行の割安感を挙げ，2016 年からの円高で「爆買い」が急速に縮小していたことを指摘している[6]。

　姚・李ほか（2016）は訪日中国人観光客の旅行先の地域選択要因について，日本各地域の在日中国人居住者数が大きな要因となっているという研究結果を発表している[7]。

　上記先行研究から，中国人観光客の増減は，所得の増加や為替レートの変動といった経済要因のほかに，査証政策や日中関係などの政策および政治要因にも大きく左右されるので，所得弾力性や価格弾力性などの計量的な考察のみでは，要因を解明するのには限界があると考えられる。

(2) 中国における観光業の発展を促進させた要因

于・下山 (2010) によると，中国国民の余暇生活の発展を大きく促した
きっかけは，1995 年からの週 5 日勤務制度および元旦・旧正月・5 月 1 日労
働祭・10 月 1 日建国記念日の四大余暇連休制度の発足であり，また中国初
の海外観光管理法規「中国公民出国観光管理暫定案」が 1997 年に施行され
た。これによって，中国公民の自費海外観光は正式にスタートしたと言え
る[8]。

戴・孫 (2014) は，中国人の海外旅行が増加する背景について，1 人当た
り収入水準の向上を主要要因としつつ，国慶節連休など大型連休時に国内観
光スポットの異常な混雑，2003 年に海外観光自由化を実現したことによる
抑圧された観光意欲の爆発，猟奇的な心理等を含め，奢侈品の消費ブームな
ど中国独特な国内要因を挙げている[9]。

上記先行研究から，中国では，1995 年から国内観光が軌道に乗り始め，
また国外観光は，1997 年からスタートしており，その拡大の背景には，所
得向上のほかに，国内観光の延長線（混雑回避）としての側面もあると思わ
れる。

(3) 観光消費の特徴について

中国では，家族旅行のための 1 人当たり消費需要額について，1 万元以上
が 5.1%，5 千元〜1 万元が 14% であると報告されている[10]。

劉 (2017) は，中国人による国外観光中の消費が贅沢品から日用品などの
生活必需品にレベルダウンしており，中国の内需拡大に対する影響が大きい
と中国側の警戒論を唱えている[11]。

綾部・呂・高橋 (2012) は，2010 年の例をとってみると，中国国内を訪
問した外国人が消費した金額は平均で約 342 ドルであったのに対し，中国人
が海外で消費した金額は約 2.5 倍の約 871 ドルであり，国外旅行における中
国人の消費金額がより多いことを指摘している[12]。

上記の先行研究から，中国人による国外観光での消費が他の国の観光客に

比べて金額が多い傾向があり，その一因として，国内製品の品質への懸念による国外製の生活必需品の購入があること，また日本での観光可能な金額水準と思われる1万元以上（円換算で16万円以上）の家族旅行のための消費額受容が5%以上に達している。

(4)　観光需要の経済要因について

　中平・藪田（2017）によれば，観光サービス需要に影響する要因を説明する概念として，需要の所得弾力性が用いられるとしている[13]。本研究においても，中国人の訪日観光需要における所得弾力性の視点から訪日中国人観光客数の変化と可処分所得の推移の関係を考察し，経済的要因の影響を明らかにすることが可能であると考えられる。

　James（2005）によると，1995年当時のアジア途上国における国外旅行需要の所得弾力性は出発地で4.45であった[14]。

　Peng, Song & Crouch（2015）は，1961年から2011年まで発表された国外旅行需要の弾力性に関する195本の論文を検証した結果，アジア地域の所得弾力性が1.716，価格弾力性が−1.420であり，全分野全地域のトータル平均は所得弾力性が2.526で，価格弾力性−1.281であったとしている[15]。

　麻生（2000）は，1992～1998年の時系列データを用い，旅行需要推定式による国籍別の訪日外国人観光客数の所得弾力性，価格弾力性を計測している[16]。月次データを使用する場合，季節の変動を考慮に入れているが，各国の実質GDPを可処分所得の代理変数として使用している手法は，中国人観光客数の推計には適合しないと思われる。中国の場合，都市と農村の経済格差が大きく，海外渡航者のほとんどが都市住民だからである。

　こうした先行研究から中国人観光客による観光需要の所得弾力性についてまだ研究の余地があることがわかる。本研究においては，観光需要の所得弾力性を多方面から分析することで中国人の訪日需要が今後のどのように変動するか，観光消費行動の特徴とその経済的要因について考察を行う。

3.3 研究の方法

(1) 問題の所在

　中国の経済成長に伴う所得の増加が中国人の観光消費行動を拡大させる源泉であるが，それが訪日中国人観光客の増減に与える影響を考えた場合，第1に訪日観光客増減は，日本の査証政策の変更や日中関係の変化といった政治要因に大きく左右されてきたので，1997年以降解禁されてきた私的国外渡航の中国人全体（訪日観光客はそのうちの5％）に比べて，可処分所得の増加による影響が弱いと考えられる。第2に表3のデータに示すように，中国国内観光においては，観光客数および観光総収入が継続的に増加している反面，1人1回当たり観光支出は，2007年以降停滞している傾向があるが，訪日観光にもこの傾向が見られる。すなわち1回当たりの予算を増やすよりも訪日の「回数の増加」に回すという消費行動の特徴があるのではないか。第3に上述の第2に示す消費行動の特徴が訪日中国人観光客にもあるとすれば，元ベースの予算額が一定水準に設定されることになり，円ベースの1人1回当たり消費単価の金額は，可処分所得の増加よりも人民元円レートに大きな影響を受けることになる。

　本研究は上記の問題意識に基づき中国人観光客による観光需要の所得弾力性を多面的に分析し，以下の仮説を検証する。

(2) 仮　説

仮説1：訪日中国人観光客の円ベースの消費単価の金額は，可処分所得よりも為替レートに左右され，所得弾力性は低い。

仮説2：可処分所得の増加による訪日中国人観光客数の増加効果は，私的国外渡航の中国人全体に比べて弱く，所得弾力性が低い。

仮説3：訪日中国人観光客の元ベースの消費単価は，所得弾力性が低く，長期的に停滞している傾向が見られる。

(3)　目的変数と説明変数

　本分析では，重回帰分析の手法を用いて分析を行うが，その際に用いられる説明変数と目的変数は以下のとおりである。

　1)～7)は，目的変数であり，8)～13)は，説明変数である。

　1）訪日観光客数（人）（1998～2016年各年度分）（VJ）

　2）訪日観光客数（人）（2010～2016年各年度分）（VJS）。次の3)に対応するデータとして上記の1)の一部を抽出したものである。

　3）中国人観光客1人1回当たり日本旅行消費単価（元ベース）（2010～2016年各年度）（YC）（以降，日本旅行消費単価と略す）

　4）中国人観光客1人1回当たり日本旅行消費単価（円ベース）（2010～2016年各年度）（SC）（以降，日本旅行消費単価と略す）

　5）中国国内の観光客数（人）（1998～2016年各年度）（CN）

　6）1978年を基準に換算した国内観光消費支出（元）（1998～2016年各年度）（OP）。

　7）都市住民1人1回当たり中国国内観光消費支出（元）（1998～2016年各年度）（CP）（以降，国内観光消費支出と略す）

　8）中国国内観光総収入（億元）（1998～2016年各年度）（TM）

　9）都市住民1人当たり可処分所得（元）（1998～2016年各年度）（IM）（以降，可処分所得と略す）

　10）1978年を基準価格として換算した可処分所得（元）（1998～2016年各年度）（OM）。「1978年を基準価格として換算」とは『中国統計年鑑』で，1978年以降の価格変動を控除した実質価格の意。

　11）中国人の私的海外渡航者数（人）（1998～2016年各年度）（CF）（以降，私的海外渡航者数と略す）

　12）人民元円レート（1998～2016年各年度の平均値）（元/100円）（YJY）

　13）人民元ドルレート（元/ドル）（1998～2016年各年度の平均値）（YUD）

(4) 観光需要の所得弾力性（ε_i）の定義式

続いて，観光需要の弾力性についてみてみよう。その数式的な定義は以下に示される。

X ＝観光需要（*VJ, CF, CN, CP, TM, SC, YC*）

$$\varepsilon_i = \frac{\Delta X/X}{\Delta IM/IM} = \frac{\Delta X}{\Delta IM} \times \frac{IM}{X}$$

(5) ε_i の推計結果に関する t 検定[17]

$$\frac{\mu - K}{\sqrt{\sigma^2/Y}} = \frac{\mu - K}{\sqrt{\sigma^2/Y}}$$

K ＝検定値，Y ＝年間数

(6) 影響要因に関する単回帰分析

訪日中国人観光客の観光需要に対する影響要因および影響の効果について，各目的変数について，各説明変数との単回帰分析を行う。

3.4 分析結果

(1) 中国国内の観光客数，
私的国外渡航者数および訪日観光客数の所得弾力性

図4は，2010〜2016年までの中国人観光客1人1回当たり日本旅行消費単価（円ベースと元ベース）および人民元レートの推移を示している。2010年のレートは7.72元/100円で，消費単価は14.5万円であったが，2015年にはレートが5.15元/100円になり，8年間で最も円安元高の年であったのに対し，消費単価も22.8万円と最も高い水準に達した。その後の2年間は

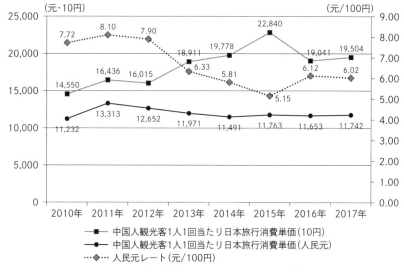

図4　日本旅行消費単価および人民元レートの推移

レートが円高に転じたために，消費単価も 19 万円台に落ちている。一方，
元ベースの消費単価は，2011 年の 1.33 万元を最高に，2012 年に 1.26 万元に
下がり，その後は 2010 年の水準に近い 1.1 万元台の狭いレンジで推移した。

　図5は，年別に計算した中国国内の観光客数，私的国外渡航者数および訪
日観光客数の所得弾力性の推移を示している。国内の観光客数については，
1999 年から 2008 年までは，0.44 から 2.38 まで変動の幅が大きかったが，
2009 年以降は 0.95～1.81 のレンジで推移し，変動の幅が大きく縮小した。
私的海外渡航者数については，1999 年から 2004 年までは，2.52 から 4.92 ま
で高い数値であったが，2005 年以降は 0.59～2.5 のレンジで推移し，1.0 台
の年が多かった。訪日中国人観光客数の場合，－1.85（2011 年）から 13.16
（2015 年）までの広い範囲で推移し，不規則的な変動を見せていた。

　表6は，所得弾力性に対して行った t 検定の結果を示している。

　まず，先行研究で得られた世界平均値 2.526 を検定値として，1998～2016
年における私的国外渡客数の各年度の所得弾力性に対して行った t 検定結果
であるが，両方とも奢侈品の性格を有する数値であったが，世界平均値との

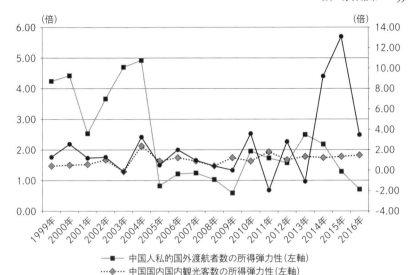

図5　中国国内観光客数等の年別所得弾力性

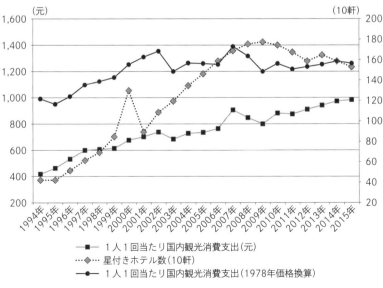

図6　中国国内観光支出の推移

表6　所得弾力性平均値

観光重要項目	検定値	N	平均値	標準偏差	t 値	自由度	有意確率（両側）
私的国外渡航者数（CF）		18	2.298	1.463	-.759	17	.458
訪日中国人観光客数（VJ）	2.56	18	2.407	3.612	-.180	17	.859
中国国内観光客数（CN）		18	1.025	.563	.188	17	.853
中国国内観光消費支出（CP）	1.00	18	0.283	.547	-5.561	17	.000
中国国内観光収入（TM）		18	1.637	1.032	2.617	17	.018
訪日中国人消費支出（円ベース）(SC)		7	0.517	1.473	-2.153	6	.075
訪日中国人消費支出（元ベース）(YC)	2.56	7	0.004	.667	6.793	6	.000

比較を意味する t 検定では，どちらも有意差は確認できなかった。

　次に「1」を検定値（中国国内観光の需要が可処分所得と同率で増加すると仮定する）として，1998～2016 年における中国国内観光客数および国内観光総収入の各年度の所得弾力性に対して行った t 検定の結果においては，中国国内観光客数の所得弾力性平均値は 1.025 であったが，有意水準に達していなかった。国内観光消費支出は，0.283 という平均値で必需品の性格を有しているが，国内観光総収入は，1.636 で，奢侈品の性格を有すると言える。

　さらに先行研究で得られた世界平均値 2.526 を検定値として，2010～2016 年における訪日中国人消費支出の各年度の所得弾力性に対して行った t 検定の結果においては，円ベースでは，0.517 という低い平均値であるが，世界平均値との有意差は確認できなかった。元ベースは，0 に近い平均値で，可処分所得増加にはほとんど反応しない数値である。

　一方，1978 年を基準に換算した国内観光消費支出に対しては，有意水準に達する説明変数はなかった。

(2)　日本旅行消費単価に関する単回帰分析

　表7は，各目的変数に対して行った単回帰分析の結果が示されている。

　まず，日本旅行消費単価（元ベース，変数 SC）を目的変数とし，説明変

数は YJY，IM，YJS を使用した単回帰分析であった。

　本モデルにおける説明変数間の相関関係についてみると，YJY と IM では逆相関（−0.407）の関係であった。また，YJY と VJ の相関係数は −0.570 であった。また，IM と VJ 間には 0.857 と高い相関がみられた。なお，3 変数それぞれの VIF 値について R 言語を使って分析したところ，VJ，IM，VJY はそれぞれ，3.895，6.882，3.357 との結果が得られた（IM 値が特に高い）。

表7　単回帰分析による推計結果

目的変数	説明変数	係数	標準誤差	t	P-値	修正済決定係数
日本旅行消費単価（円ベース）（SC）	切片	13,100.89	1,631.352	8.030697	0.000484	0.844
	IM	−0.04112	0.060559	−0.67894	0.527323	
	切片	12,379.92	472.6022	26.19521	1.52E-06	0.156
	VJ	−0.00014	0.000141	−0.96344	0.379576	
	切片	9,577.363	1,575.243	6.079929	0.00174	0.194
	YJY	361.6446	231.2215	1.564061	0.178571	
日本旅行消費単価（元ベース）（YC）	切片	159,284.103	15,067.366	10.571	0.000	0.296
	VJ	0.008	0.005	1.879	0.119	
	切片	333,413.232	26,838.267	12.423	0.000	0.840
	YJY	−22,466.786	3,939.448	−5.703	0.002	
	切片	63,626.908	36,705.265	1.733	0.144	0.619
	IM	4.474	1.363	3.283	0.022	
訪日観光客数（VJ）	切片	9,655,410.000	2,909,932.000	3.318088	0.004	0.710
	YJY	−1,196,688.000	418,305.200	−2.8608	0.010824	
	切片	−923,984.000	443,489.100	−2.08344	0.053	0.710
	IM	143.672	24.104	5.960615	1.55E-05	
私的海外渡航者数（CF）	切片	−2,402.970	256.886	−9.3542	0.000	0.982
	IM	0.440	1.40E-02	31.52287	0.000	
	切片	34,889.220	3,808.907	9.159904	0.000	0.778
	YUD	−40.966	5.125	−7.99318	0.000	
国内観光消費支出（CP）	切片	624.001	21.480	29.05046	0.000	0.851
	CN	0.001	0.000	10.2128	0.000	
	切片	604.452	20.080	30.10249	0.000	0.885
	IM	0.013	0.001	11.81731	0.000	
国内観光消費支出（OP）	切片	154.583	3.635	42.52749	0.000	0.851
	CN	0.000	0.000	0.422741	0.678	
	切片	153.221	4.736	32.35576	0.000	0.776
	OM	0.001	0.001	0.615418	0.546	

　変数間の明確な相関関係がある以上，マルチコリニアリティ発生が懸念されるために，SC（日本での旅行消費単価（円ベース））を目的変数とし，単回帰分析を実施した（説明変数は，YJY，IM，YJY）。それぞれ，説明変数であるIM（都市部の所得），訪日観光客数（VJ），YJY（人民元為替，円）のp値は有意水準を上回り（IMのp値0.527，VJのp値は0.379，YJYのp値は0.178）統計的には有意ではなかった（表7）。

　次に日本旅行消費単価（元ベース，変数YC）を目的変数とし，説明変数はYJY，IM，YJSを使用した単回帰分析であった。

　本モデルにおける説明変数間の相関関係についてみてみたい。説明変数については先ほどのケースと同じ説明変数を用いている。変数間の明確な相関関係がある以上，マルチコリニアリティ発生が懸念されるために，YC（日本での旅行消費単価（円ベース））を目的変数とし，YJY，IM，YJYそれぞれに単回帰にて分析を行うこととした。それぞれ，説明変数であるIM（都市部の所得），訪日観光客数（VJ）のp値は有意水準以上（0.119）となったがYJY（人民元為替，円）とIMのp値は有意水準の0.05を下回った（YJYのp値は0.002，IMのp値は0.021 ）で統計的には有意（5％の有意水準）であった（表7）。よって，日本での旅行消費単価（円ベース））に対して，人民元為替レート（円ベース）と中国の都市住民1人当たりの可処分所得などの両変数は統計的に推認できる。

(3)　訪日中国人観光客数および私的国外渡航者数に関する単回帰分析

　まず，訪日中国人観光客数への影響に関する単回帰分析の結果においては，これまで同様，2変数間の相関を調べたが，YJYとIMの変数間の相関は−0.407であった。よって，相関性があるものとして単回帰分析を実施した。VJを目的変数，YJY，IMをそれぞれ説明変数としてそれぞれ単回帰分析を実施した。両変数のt値だが，円の為替レート（YJY），IMともに統計的に有意であった（p値がそれぞれ0.010，0.000）。このように，為替レート（円ベース）や都市部の所得水準のp値はともに統計的に有意であるこ

とが確認された。訪日観光客数（中国から日本）は，為替レート（円ベース）や都市部の所得水準に統計的に有意に関係していることが推認される。

　次に，私的国外渡航者数（1998〜2017年）の影響要因に関する単回帰分析の結果であった。IMとYUDの両変数は−0.91と強い相関が存在することから単回帰分析を実施することとした。CFを目的変数，IM，YUDをそれぞれ説明変数のモデルとして分析したところ，両変数ともt値は良好であり（IMのt値は0.000，YUDのp値は0.000），統計的に有意であった。修正済決定係数もそれぞれ0.982，0.778と高い値であった。私的な国外渡航者数（中国）は，都市部の所得水準や元での為替レートの値に統計的に有意に関係していることが分かった。

(4)　中国国内観光消費支出に関する単回帰分析

　まず，国内観光消費支出（CP）を目的変数とし，IMとCNをそれぞれ説明変数として分析を行った。本分析においては，IMとCNとの間に強い相関関係が観測（0.995）されたために，単回帰分析を行うこととした（CPを目的変数）。両結果ともt値は良好であり，統計的に有意であった（p値はそれぞれ0.00，0.00であった）。それぞれの修正済決定係数も0.851，0.885と高い値であった。国内観光消費支出（CP）は，中国の都市部の所得水準や中国国内の観光客数に対し，統計的に有意に関係していると推認される。

　次に国内観光消費支出（OP）を目的変数にして，CN（中国国内観光客数）とOMを説明変数とする単回帰分析を行った。説明変数の2変数間で相関が観測（0.985）されたために，OPを目的変数，CN，ONをそれぞれ説明変数とする単回帰分析モデルをここでは利用した。いずれもt値の結果（それぞれ，0.422，0.615）はあまり良好ではなかった。国内観光消費支出は，中国の観光客数や中国の所得水準との関連性は存在しないとの結果を得た。

表8 本研究に使用する基本データ

年度	VJ・(VJs)	YC	SC	CN	CP	TI	OP	IM	OM	CF	YJY	YUD
1998	267,180			69,500	607	2,391.00	139	5,425	1,239	319	6.3	827.9
1999	294,937			71,900	615	2,831.00	142	5,854	1,355	426	7.3	827.8
2000	351,788			74,400	679	3,175.00	155	6,280	1,437	563	7.7	827.8
2001	391,384			78,400	708	3,522.00	164	6,859	1,584	694	6.8	827.7
2002	452,420			87,800	739	3,878.00	168	7,702	1,756	1,007	6.6	827.7
2003	448,782			87,000	684	3,442.00	150	8,472	1,859	1,481	7.1	827.7
2004	616,009			110,200	731	4,710.00	158	9,421	2,030	2,298	7.7	827.7
2005	652,820			121,200	737	5,285.00	156	10,493	2,228	2,514	7.4	819.2
2006	811,675			139,400	766	6,229.00	155	11,759	2,382	2,879	6.9	797.2
2007	942,439			161,000	906	7,770.00	173	13,785	2,637	3,492	6.5	760.4
2008	1,000,416			171,200	849	8,749.00	164	15,780	3,041	4,013	6.7	694.5
2009	1,006,085			190,200	801	10,183.00	149	17,175	3,204	4,221	7.3	683.1
2010	1,412,875	11,232	145,498	210,300	883	12,579.00	156	19,109	3,382	5,151	7.7	677.0
2011	1,043,246	13,313	164,358	264,100	878	19,305.00	151	21,810	3,762	6,412	8.1	645.9
2012	1,425,100	12,652	160,154	295,700	915	22,706.00	154	24,565	4,130	7,705	7.9	631.3
2013	1,314,437	11,971	189,111	326,200	946	26,726.00	156	26,467	4,363	9,197	6.3	619.3
2014	2,409,158	11,491	197,777	361,100	975	30,311.00	158	28,843	4,688	11,002	5.8	614.3
2015	4,993,689	11,763	228,403	400,000	985	34,195.00	157	31,194	4,971	12,172	5.2	622.8
2016	6,373,564	11,653	190,406	444,000	1,009	39,390.00	157	33,616	5,121	12,850	6.1	664.2

3.5 考 察

(1) 訪日中国人観光客の消費単価

中国人観光客の訪日消費額は，円ベースでは大きく変動しているが，元ベースでは，2010年の水準に近い額でほぼ定着している。すなわち，中国人観光客は，1.1万元台を基準に元ベースの予算設定をしており，為替レートが元高なら，円ベースの消費額が大きくなる傾向が見られる。しかし，円高なら，消費額が縮小する可能性が大きい。近年銀聯カードやWeChatなどによるキャッシュレス化が進んでいるが，支払いの都度，当日の両替レートが知らされ，為替レートの影響がよりリアルタイムに表れるようになっている。単回帰分析の結果では，元ベースの訪日消費額を左右する要因として人民元円レートと可処分所得が確認され，訪日中国人観光客数の推移は，影響要因としての特定にはならなかった。円ベースの訪日消費額に対する影響

要因については，単回帰分析における結果は有意ではなかった。

(2) 所得弾力性

　訪日中国人観光客数に関しては，所得弾力性の変動が激しく規則性を見出すことはできなかった。観光客数の増減は，査証政策や日中関係および自然災害など定性的な要因の影響が大きいためではないかと思われる。

　所得弾力性平均値の結果に基づけば，可処分所得が増大しても，訪日中国人消費支出は，増える可能性が低いことを示唆している。これは，中国国内観光消費支出と同様な傾向と言える。一方，訪日中国人観光客数は，私的海外渡航者数や国内観光総収入と同様に所得弾力性が高く，可処分所得の増大に伴い，増えていく可能性が高い。

　一方，単回帰分析の結果では，可処分所得の増加および人民元円レートが訪日中国人観光客数の拡大に影響し，可処分所得および人民元ドルレートは私的海外渡航者数の増減に関係していることが分かった。

(3) 中国国内観光消費支出の停滞との関連

　1978 年を基準に換算した中国国内観光消費支出に関する単回帰分析における結果は有意ではなかった。これに対し，都市住民 1 人 1 回当たり中国国内観光消費支出に関する単回帰分析では，中国国内の観光客数と可処分所得による影響が裏付けられた。しかし，図 6 に示すようにその影響は限定的であった。

　図 6 は，1994〜2015 年における都市住民 1 人 1 回当たり中国国内観光消費支出および星付きホテル数の推移を示すグラフである。消費支出は，2007年まで増加幅が大きかったが，それ以降減少する年を交えて緩やかな増加幅に変わっている。22 年間で，137.5％増えているが，同じ時期，中国国内の観光客数は，5.24 億人／回から 40 億人／回になり，663％も増えている。1978 年を基準価格として換算した消費支出は，2002 年まで急な伸びであったが，それ以降緩やかな伸びになり，さらに 2007 年に最高額に達した後，

緩やかな減少傾向を見せている。22 年間で，28.3％しか増えていない。こうした消費支出の減少に伴い，星付きホテル数も，2009 年以降減少してきた。

　上記の事実は，中国国内の観光消費では，増えた予算を回数の増加に投入し，1 人 1 回当たりの予算を一定の金額以下に抑えるという特徴を有することを示している。2009 年以降減少傾向が続く星付きホテル数の推移（図6）もこの特徴を裏付けている。

3.6　まとめ

　以上のように中国人観光客は，1.1 万元台を基準に元ベースの予算額を設定しており，為替レートが元高なら，消費額が大きくなり，円高なら消費額が縮小する傾向が見られることがわかった。また重回帰分析の結果から可処分所得と訪日中国人観光客数の推移には因果関係があることが明らかになったが，所得弾力性平均値の結果からは，可処分所得が増大しても，訪日中国人消費支出は増える可能性が低いことがわかった。一方，訪日中国人観光客数は，私的国外渡航者数や国内観光総収入と同様に所得弾力性が高く，可処分所得の増大に伴い，増えていく可能性が高いことが示された。

　本研究において中国人の訪日需要における観光消費行動の要因となるものが明らかなった。しかし，経済成長率の鈍化，日中間における相対価格の変動，少子高齢化による税負担の増加，交通費や宿泊費の変動など，為替レート以外の経済的要因がまだはっきりとしない。今後も引き続きその要因を研究していきたい。

注
1　本章は，森田金清（2020）「訪日中国人観光客の観光需要に関わる経済要因について」『観光研究』31（2），37-46 頁を編集したものであり，データもそのまま使用している。
2　国土交通省（2018）『平成 30 年版観光白書』9 頁。
3　張彬彬（2017）「沖縄における観光動向と観光振興に関する研究：中国人観光客を中心に」『龍谷大学大学院経済研究』17，14 頁。
4　黄愛珍（2017）「訪日中国人観光客の旅行とインバウンド消費の動向」『アジア研究』12,25-40 頁。
5　魏蜀楠（2017）「中国人国際観光の需要変化に関する一考察：訪日中国人個人観光需要の地方

誘致とローカル観光交通のあり方を視野に入れて」『福岡大學商學論叢』62（2），161-189 頁。

6　馬駿（2017）「訪日中国人観光客がもたらす経済効果：京都市の観光産業を対象に」『龍谷大学大学院経済研究』18，33 頁。

7　姚峰・李瑶・李珊（2016）「日本地域別中国人観光客旅行先選択の影響要因分析」『香川大学経済論叢』89（2），283-309 頁。

8　于航・下山邦男（2010）「訪日中国人観光客の動向に関する研究」『別府大学短期大学部紀要』29，89-99 頁。

9　戴学锋・孫盼盼（2014）「収入与出境旅游率的非線性関係—関於門檻面板模型的実証証拠—」『旅游学刊』29（9），13-23 頁。

10　中国旅游研究院（2018）『中国家庭旅游市場需求報告 2018』5，5 頁。

11　劉振中（2017）「境外消費商品層次下移的問題与対策」『国家信息中心博士後　研究通迅』003（029），1-21 頁。

12　綾部誠・呂慧・高橋幸司（2012）「中国人観光客の地方都市誘致に関する基礎研究」『国際人間学フォーラム』8，25-38 頁。

13　中平千彦・藪田雅弘（2017）『観光経済学の基礎講義』九州大学出版会，110-111 頁。

14　James, Mak 著／瀧口治・藤井大司郎監訳（2005）『観光経済学入門』日本評論社，31 頁。

15　Peng, Bo, Song, Haiyan and Geoffrey I. Crouch (2015), "A Meta-Analysis of International Tourism Demand Elasticities," *Journal of Travel Research*, 54 (5), pp. 611-633.

16　麻生憲一（2001）「日本のインバウンドに関する実証分析—訪日外国人渡航者の動向と経済的要因」『経済系』207，8-22 頁。

17　中平・藪田（2017），前掲注 13。

第4章

中規模和風旅館における訪日外国人観光客の満足度に及ぼす要因について

──「期待不一致モデル」の手法に基づく調査を通じて──

4.1 はじめに

　第3章では，訪日中国人観光客の観光需要に関わる経済要因について分析し，今後も訪日中国人観光客数は，可処分所得の増大に伴い，増えていく可能性を指摘した。一方，中国をはじめとするインバウンド観光客増加の恩恵をどの程度受けることができるか，地域の特性および観光施設のサービスが観光客のニーズをどこまで満たすことができるかによって大きく異なると思われる。本章では，第3章の分析に引き続き，外国人観光客の満足度という視点で地域の魅力および観光施設のサービスによる再訪促進効果について論ずることとする。その分析手法として「期待不一致モデル」を援用する。このモデルによって購買前の顧客の期待と購買後の満足との関係を考察する点で優れている。また，データは「中規模和風旅館」のデータを用いる。中規模和風旅館のデータを用いるのは，和風旅館の衰退を食いとめることが観光業における課題であり，そのために外国人観光客の誘致に注力する必要があるからである。

　本研究は，期待不一致の理論を背景にしたJCSI（Japanese Customer Satisfaction Index）モデルの手法を利用して，中規模和風旅館における外国人観光客の満足度に関する調査および分析を行い，その満足度が当該温泉リゾート地および日本への再訪に与える影響を考察することを目的としてい

る。

　本研究の対象となるホテルは，温泉リゾート地として知られる熱海に立地する中規模温泉和風旅館（以降，「中規模和風旅館」と略す）である。対象を熱海の温泉旅館に限定するのは，次の2つの理由がある。まず，和風旅館の衰退が止まらず，危機的な状況が続いている。2019年にリゾートホテル，ビジネスホテル，シティホテルのいずれも延べ宿泊者数が大幅に増加したが，旅館タイプだけ−4.4％で，定員稼働率が2割台にとどまっている[1]（国土交通省観光庁 2020）。もう1つは，和風旅館の再建が地域活性化においても大きな課題である。熱海温泉は，1970代には500万人近くあった年間宿泊施設利用人数が，現在330万人程度に止まっている。観光業依存の熱海市の人口も最盛期の5.4万人から3.6万人に減少している[2]（熱海市観光建設部観光経済課 2020）。観光地競争も激しくなる中，宿泊施設利用者のニーズを把握し，和風旅館をより魅力ある施設に改善していくことは，地域振興にも寄与すると考えられる。

　上記の2つの課題に対処するためには，今までほぼ未開拓であった外国人観光客の誘客策を積極的に進める必要がある。我が国の年間宿泊旅行者のうち訪日外国人が2割を占めているが[3]（国土交通省観光庁 2020），熱海温泉では3％に過ぎないためである。

　旅館タイプのホテルでは，従来日本人宿泊客がほとんどであったが，近年訪日外国人観光客の宿泊が急増してきた。文化背景や生活習慣が日本人と異なる訪日外国人観光客を相手に，いかに顧客満足を高めるか課題として浮上している。

　中規模にしたのは，規模の違いやそれに伴う価格およびサービス上の違いによって比較性が薄められる可能性があるためである。表9に示すように，大旅館・中旅館・小旅館という3つの区分において，総売上高や利益率に違いがあるばかりでなく，日本旅館協会（2017）によると，顧客の予約方法にも違いが目立っている。訪日外国人観光客の満足度に影響する要因を把握するには，サービスや価格において一定の均質性を有する施設を対象とする必

表 9　区分別旅館の総売上高・経常や利益率

	大旅館	中旅館	小旅館
総売上高（万円）	225,303	62,789	19,154
経常利益（万円）	8,508	1,132	343

出所：一般社団法人日本旅館協会（2017）「営業状況等統計調査」より。

要があるため，本研究は中規模旅館[4]に絞ることにしている。大旅館や小旅館についてもそれぞれの区分別に取り上げて考察することを，今後の課題としたい。

4.2　先行研究のレビュー

(1)　顧客満足度に関する期待不一致の手法について

顧客満足とは，購買前の期待と実際に得た結果の比較によって発生する購買後の態度であり，マーケティング研究の重要な概念である。先験条件となる期待と実際に得た結果の一致・不一致により顧客満足を説明する期待不一致モデルは，Oliver（1980）によって提唱されたものである[5]が，太田（2011）によると，期待と満足に関する研究領域では，今日でも支配的な理論となっている[6]。

サービス産業生産性協議会（JCSI）は，期待不一致理論を「世界の主流CS 解析理論」と位置づけ，それを理論的支柱として，購買行動の因果関係をモデル化し，顧客満足の指数化を行っている[7]。本研究は，期待不一致理論そのものの研究ではなく，この JCSI モデルを手法として活用するものである。

期待不一致モデルとは，顧客満足の主要な形成要因として期待不一致効果に着目し，当該製品に対する消費者の期待水準と当該製品の実際のパフォーマンスの一致，不一致によって満足が規定されるというものである[8]（太田 2011）。太田（2011）によると，顧客の期待水準は「料理の味」，「接客態度」，「店内の内装」，「店内の清掃」といった品質要素に対して抱かれるが，

品質要素のすべてに対して期待水準を抱いているわけではない[9]。レストランの品質要素において,「床の素材」や「トイレの位置」といった品質要素にまで期待水準を抱いているとは考えにくい。

　奥瀬（2008）によると,期待不一致モデルの考え方は,消費者が何らかの比較基準に基づき,財・サービスから得られる成果の確認・不確認を行っているという,確認－不確認パラダイム（confirmation disconfirmation paradigm）に依拠している[10]。

　比較基準には,期待,平衡性,ノルムが用いられている。期待不一致モデルでは,「期待（expectation）」,即ち事前に顧客がその財・サービスが備えているであろうと予測する成果に依拠している[11]。

　上記の先行研究から,期待不一致モデルはサービス業などにおける顧客満足を考察するためにも応用されている手法であり,この手法は確認－不確認パラダイムに依拠し,また提供されるサービスの品質要素に対する顧客の期待を比較基準としていることがわかった。

(2)　観光分野の研究における期待不一致手法の応用

　期待不一致手法を応用した国内の事例に以下の先行研究がある。

　顧客満足度にかかわる「期待」にどんな類のものがあるかについて,古屋・櫻井・羽渕・杉山（2014）は,観光施設に一般的に備わるものに対する「不変的な期待」,典型的な観光施設がもつ要件との違いによって生まれる「変動的な期待」,他の施設との違いによって生まれる「相対的な期待」,施設の役割に対する「普遍的な期待」を挙げている[12]。

　また,事前の情報に基づく期待と実体験後の満足度との比較を行った田静・加藤（2016）は,中国の吉林省長春市青年商務旅行社において日本観光経験の有無という2つのグループに分けて103人の中国人に質問紙調査を行った[13]。日本への旅行に関して,インターネットや友人・知人からの情報で「温泉」と「おもてなし」が良いと知っていても,実際に体験した後,その良さを感じたという声があり,温泉やおもてなしなどの項目に関して期待

レベルよりも実際の満足レベルが高いと報告している。

さらに，満足度向上のために取り組むべきことについて，盧剛・山口 (2012) は，東京のホテルに宿泊する中国人観光客 64 名を対象に質問紙調査を行った結果，訪日中国人観光客の満足度を高め，再度来日を促すためには，①訪問中における自由時間が充分にとれること，②おもてなしをさらに向上させること，③料理の味と価格を満足させること，④観光施設および宿泊施設サービス向上があげられた[14]。

一方，五十嵐 (2014) は，JTB の「お客様アンケート評価」で満足度 90 点以上と評価され，『JTB セレクト』商品として販売されているホテル・旅館 303 施設の顧客サービス担当者に質問紙調査を実施し，顧客満足度の高い宿泊施設として高品質化，差別化，経営理念の共有，情熱と挑戦といった企業行動が求められるとの回答が多かったという[15]。

海外の事例に関しては，以下の研究がある。

まず，Yun & Pyo (2016) は，期待不一致と欲求合同 (desire-congruency) という 2 つの理論に基づいて拡張・統合された観光客満足モデルを提案し，3 つの連続した調査（旅行の意図と旅行の前後）で分析を行った[16]。その結果，観光客は消費した旅行商品に関する重要な総括として満足度を記号化していることを示唆し，このようなモデルは，全体的な満足度に対する期待，動機／欲望，認識されたパフォーマンスの質（目的地の属性評価），および認識された経験の質（旅行の欲求と動機の達成）の役割，さらに全体的な満足度がクレームを言う行動と将来の行動意図との関係を明確にするのに役立つという。

次に，Cathy et al. (2009) は，期待不一致理論に基づき，中国人海外旅行者の訪問前の段階における期待，動機，態度を組み込んだ行動プロセスをモデル化し，独自の期待，動機，態度 (EMA) モデルを提案した[17]。北京，上海，広州の 1,514 人から収集されたデータに基づいて調査した結果，目的地を訪れる期待が目的地を訪れる動機に直接影響し，動機は目的地への訪問に対する態度に影響するとし，動機が期待と態度の関係に仲介効果をもたら

すとしている。

　また，Wong, Cheung & Wan（2013）は，香港の住民を対象に，期待・動機・態度（EMA）モデルを利用して，旅行者の期待，態度，およびアウトバウンドの目的地を訪問する動機の相関関係についてアンケート調査を行い，137件の回答が寄せられた。調査結果は，旅行者の期待と目的地を訪れる動機，また動機と態度の間に有意な相関関係があることがわかった。さらに，旅行者の知識は統計的に期待と相関し，旅行者の期待や態度および動機の三者間で有意な相関関係があることが確認された[18]。

　さらに，Omar, Muhibudin, Yussof & Mohamed（2013）は，期待不一致理論に基づき，休暇目的の観光に適用する「休日の満足度モデル（HOLSAT, Holiday Satisfaction model）」に基づき，マレーシアのパハンでの休暇に関する海外および国内の観光客の満足度を測定した。その結果，満足度はアクセシビリティ，宿泊施設，観光施設，観光活動，食事，観光名所という6つのカテゴリに分類された47の肯定的および否定的な属性に関する観光客の期待と経験に影響されると報告した。

　JCSIは，①顧客期待（利用者が事前に持っている企業・ブランドの印象や期待・予想），②知覚品質（実際にサービスを利用した際に感じる，品質への評価），③知覚価値（品質と価格とを対比して感じる納得感，コストパフォーマンス），④顧客満足（利用して感じた満足の度合い），⑤推奨意向（利用したサービスの内容について，肯定的に人に伝えるかどうか），⑥ロイヤルティ（再利用意向）という6つの因果モデルの指標を提示している[19]。アメリカサービス産業生産性協議会（ACSI）は，顧客期待には，広告や口コミなどの非経験的な情報を含む以前の消費経験と，将来の品質を提供する企業能力への予測の両方を表すとし，顧客期待における情報や消費経験の役割を指摘している[20]。

　上記の先行研究のレビューにより，期待不一致の手法による観光施設での顧客満足度の考察および研究成果があったことは確認された。一方，先行研究では，①観光客の「期待」が何によって発生し，どのような種類があるの

かに関する分析は十分なされていない。②国内の温泉リゾート地への訪日外国人観光客や和風旅館における外国人宿泊客に関する考察は，まだ確認されていない。③実際の観光行動における期待と満足の一致・不一致が温泉リゾート地への再訪願望および再宿泊願望にどのような影響を及ぼすかについては，期待不一致の手法に基づく考察はこれまで十分には行われていない。

4.3　問題意識・研究方法

(1)　問題意識

　先行研究では，期待不一致モデルを援用することで，観光施設や宿泊施設における顧客満足度について分析がなされてきた。しかし，前述したように，観光客の「期待」の発生原因と種類，温泉リゾート地および和風旅館のような宿泊施設に特化した，観光客の満足度に関する調査や考察，期待と満足の一致・不一致による再訪願望への影響に関しては，これまで十分な考察がなされたとは言えない。このような状況に鑑み，本研究は中規模和風旅館に宿泊する訪日外国人観光客の満足度について期待不一致モデルを援用することで，新たに分析を試みることとした。期待不一致モデルを採用した理由は，JCSI の理論的背景にもなっているように，観光施設や宿泊施設の顧客満足度を測定するのに適していると考えたからである。一方，本研究は，期待不一致の理論の整合性のみを研究対象にしているのではない。同理論を背景にした JCSI モデルをベースに，外国人観光客の満足度に関する調査および分析を行うのである。

　熱海は首都圏からの手軽な旅行に適する温泉リゾート地として名高いが，訪日外国人観光客にとって日本旅行の通過点として1泊2日で宿泊する場合がほとんどであり，常連客やリピート客となることは多くない（崔 2012）。一方，ホテルへの宿泊は観光客自らの意思決定によるものであるが，その選択の背後にある，観光客の期待については，筆者は JCSI および ACSI が提示した因果モデルを参照して，定義と分類を行った。

① 情報に基づく期待

　各種情報によって形成されるイメージから生まれる期待とは，広告やWebやSNSなどの情報源にのみならず，情報源にアクセスする回答者の属性に付随する情報も含まれる。たとえば，同じ中国語圏でも，台湾や香港の観光客はフェースブックやユーチューブなどのSNS情報に接するが，そういった情報へのアクセスに制限を受ける中国大陸の出身者は，中国大陸独自のツールで情報を取得している。また，中国の観光オンライン予約サイト最大手の「携程網」では，「日本遊記」と題するブロックで2万本を超える日本紀行文が掲載されているが，年齢別，性別，訪問目的別などの検索キーワードが設定されている[21]。異なる属性のアクセス者は接する情報にも違いがあると考えられる。

② 体験に基づく期待

　体験に基づく期待とは，日本旅行の経験回数や日本以外の国での宿泊体験およびホテルを除く日本での宿泊体験から生まれる期待である。

③ 目的に基づく期待

　旅行の目的は旅行形態によって様々である。熱海という日本の温泉リゾートを個人であるいは団体で楽しむことは日本旅行の目的の1つであり，中規模和風旅館での宿泊はその目的達成に寄与するだろうという期待である。旅行形態や旅行同伴者および滞在日数などの要素が関連していると思われる。

④ コストに基づく期待

　コストに基づく期待は，熱海滞在のために払ったコストに見合う宿泊体験が得られるだろうという期待であり，日本旅行および熱海滞在の費用に加え，中規模和風旅館の宿泊に関して選択した部屋タイプ（客室からの眺め）や宿泊プラン（食事の内容および提供方式）も含まれる。

　上記の期待と宿泊後の満足度について，以下の仮説を立てる。仮説1〜4は，上記の①〜④の期待と実際の満足度との関係を検証するためのものであり，仮説5〜7は，実際の満足度による影響を検証するためのものである。

　仮説1：実際の満足度は情報に基づく期待に影響を受ける。

仮説 2：実際の満足度は体験に基づく期待に影響を受ける。

仮説 3：実際の満足度は目的に基づく期待に影響を受ける。

仮説 4：実際の満足度はコストに基づく期待に影響を受ける。

仮説 5：実際の満足度は同タイプの中規模和風旅館での再宿泊に影響を与える。

仮説 6：実際の満足度は類似するリゾート地への再訪問願望に影響を与える。

仮説 7：実際の満足度は日本への再訪問願望に影響を与える。

(2) 満足度の算出および変数の設定

1）満足度の算出

2枚セットのアンケート調査用紙に有効回答した結果について，1枚目の集計から接客サービス，費用対効果，食事，施設，部屋，立地条件，温泉風呂の各項目に対する期待の平均点（0〜10の11段階評価）を算出し，2枚目の集計から各項目に対する満足の平均点（11段階評価）を算出し，満足の平均点を期待の平均点で割った結果を各項目の満足度とした（表10）。さらに，各項目の満足度の和を項目数で割った結果を総合的満足度とした。

2）目的変数

目的変数は以下の4つである。

① 総合的満足度（*TS*)

② 中規模和風旅館および類似ホテルへの再宿泊願望（*RHD*)

③ 熱海或いは類似する温泉リゾート地への再訪願望（*RVAD*)

④ 日本再訪願望（*RVJD*)

表10は，項目別期待点平均・満足点平均および満足度の平均値および標準偏差を示している。総合満足度は99.47％となっている。

3）説明変数

総合的満足度に関する説明変数は以下の14変数とした。①〜③は「情報に基づく期待」，④〜⑥は「体験に基づく期待」，⑦〜⑩は「目的に基づく期

表10　項目別期待点平均・満足点平均および満足度（N=85）

	期待点平均		満足点平均		満足度
	平均値	標準偏差	平均値	標準偏差	（満足点平均／期待点平均, %）
接客サービス	5.49	0.90	6.06	0.93	110.28
費用対効果	6.52	1.66	5.48	1.40	84.12
食事	5.26	1.07	5.89	1.14	112.08
施設	5.79	1.16	5.16	1.49	89.23
部屋	4.67	1.09	5.39	1.09	115.37
立地	6.01	1.16	5.25	1.16	87.28
温泉風呂	6.35	0.56	6.22	1.47	97.96
総合満足度	5.73	1.09	5.64	1.24	99.47

待」，⑪〜⑭は「コストに基づく期待」にそれぞれ関わる変数である。

総合的満足度に関する説明変数群は以下のとおりである。

① 性別（ダミー，男性 = 0，女性 = 1）（S）

② 出身国／地域（ダミー，中国 = 0，中国以外 = 1）（N）

③ 情報源（ダミー，旅行会社広告・関連サイト・SNS をすべて利用 = 0，すべて利用したわけはない = 1）（IR）

④ 日本旅行の回数（VJN）

⑤ 日本以外での宿泊体験満足度（VFM）

⑥ 中規模和風旅館を除く日本での宿泊体験満足度（VJM）

⑦ 今回の旅行形態（ダミー，団体 = 0，個人 = 1）（TT）

⑧ 今回の旅行同伴者（ダミー，家族 = 0，家族以外 = 1）（TP）

⑨ 今回の日本旅行の滞在日数（VJD）

⑩ 熱海滞在日数（VAD）

⑪ 日本旅行総費用（VJC）

⑫ 熱海滞在総費用（VAC）

⑬ 部屋タイプ（ダミー，客室街側 = 0，客室街側以外 = 1）（RT）

⑭ 宿泊プラン（SP）

再訪願望に関する説明変数は以下の9変数とした。①〜④は，スタッフの接客態度や立地および温泉の質など和風旅館の基本条件への満足度，⑤〜⑦

は具体的なサービス内容への満足度，⑧〜⑨は宿泊に関する複数の選択肢から顧客自身が選択した結果への満足度にそれぞれ関わる変数である。

再訪願望に関する説明変数群は以下のとおりである。

① 接客サービス満足度（SS）

② 費用対効果満足度（PS）

③ 立地条件満足度（RTS）

④ 温泉風呂満足度（RSS）

⑤ 食事満足度（FS）

⑥ 施設満足度（DS）

⑦ 部屋満足度（RS）

⑧ 部屋タイプ（RT）

⑨ 宿泊プラン（SP）

(3) 質問紙調査

1）調査方法

熱海の中規模和風旅館15軒に依頼し，協力を承諾した9軒の中規模和風旅館において宿泊する訪日外国人観光客（2019年3〜5月の3カ月間）を対象にアンケート用紙（「期待」に関して1枚と「満足」に関して1枚の2枚セット）を配布し，チェックイン時に1枚目（「期待」）の回答をし，チェックアウト時に2枚目（「満足」）の回答を依頼した。合計415の回答があったが，2枚目までの回答数（有効回答）は85であった。

2）倫理的配慮

本研究は，熱海に位置する中規模和風旅館の1つであるAホテルにおいて，2019年度2月定例取締役会の決議事項として承認を得，実施された（承認番号：D17-07）。

3）分析方法

下記の推計式に基づき，階層的重回帰分析を行った。

① 総合満足度に関する重回帰式（aは定数項，Cは誤差項。以降，②に

も共通する）

$$\log (TS) = a + \Sigma A + \Sigma S + \Sigma N + \Sigma IR + \Sigma JNA + \Sigma VFM + \Sigma VJM + \Sigma TT + \Sigma TP + \Sigma VJD + \Sigma VAD + \Sigma VJC + \Sigma VAC + \Sigma RT + \Sigma SP + c$$

$A = 1, ..., 69 \quad VJN = 1, ..., n \quad VFM = 1, ..., 10 \quad VJM = 1, ..., 10$

$VJD = 1, ..., n \quad VAD = 1, ..., n \quad VJC = 1, ..., n \quad VAC = 1, ..., n$

② 同類ホテルへの再宿泊希望，熱海，あるいは類似する温泉リゾート地への再訪希望および日本再訪希望に関するに関するモデル（重回帰）式

$$\log (RHDorRVADorRVJD) = a + \Sigma SS + \Sigma PS + \Sigma FS + \Sigma DS + \Sigma RS + \Sigma RSS + \Sigma RTS + c$$

$SS = 1, ..., 10 \quad PS = 1, ..., 10 \quad FS = 1, ..., 10 \quad DS = 1, ..., 10 \quad RS = 1, ..., 10$

$RSS = 1, ..., 10 \quad RTS = 1, ..., 10$

(4)　「中規模和風温泉旅館」の定義

　本研究が対象とする「中規模和風温泉旅館」とは，以下の要件を満たすホテルを指す。①客室数は 31～99 部屋（一般社団法人日本旅館協会の「中旅館」定義による），②温泉がある，③和室タイプの客室がある，④宿泊料金に夕朝食を含む（一般社団法人日本旅館協会の「旅館営業」定義による），⑤客室タイプは客室街側，客室海側の選択が可能である。

4.4　結　　果

(1)　回答者の基本状況

　表 11 は，回答者の基本属性を示している。年齢層では 20～30 代と 50 代が最も多いことがわかる。

　性別では，男性に比べ女性のサンプルデータが多い。出身国／地域では中

表 11　回答者の基本状況

			日本旅行回数 (回)	今回の日本旅行総費用 (万円)	今回の熱海滞在総費用 (万円)	今回の日本旅行滞在日数 (日間)	今回の熱海滞在日数 (日間)
年齢層	20～30代 (28人)	平均値	1.25	12.57	2.93	8.46	2.29
		標準偏差	0.65	4.24	1.27	2.80	0.53
	40代 (18人)	平均値	2.89	9.33	4.00	6.22	2.94
		標準偏差	0.47	1.41	0.00	0.94	0.24
	50代 (26人)	平均値	1.96	12.23	3.50	8.00	2.04
		標準偏差	0.20	3.84	0.58	2.04	0.20
	60代 (13人)	平均値	1.00	16.85	4.00	8.62	2.15
		標準偏差	0.00	2.51	0.41	1.71	0.38
性別	男 (30人)	平均値	1.63	13.90	3.73	9.20	2.37
		標準偏差	0.61	4.25	1.01	2.75	0.56
	女 (55人)	平均値	1.85	11.64	3.36	7.15	2.31
		標準偏差	0.89	3.77	0.85	1.56	0.47
出身国	中国 (香港含) (40人)	平均値	1.28	14.43	3.50	8.85	2.20
		標準偏差	0.45	3.25	1.04	2.06	0.41
	台湾 (21人)	平均値	2.81	9.38	3.81	6.00	2.81
		標準偏差	0.40	0.80	0.40	0.00	0.40
	韓国 (14人)	平均値	1.79	9.00	2.71	6.79	2.00
		標準偏差	0.80	2.75	0.61	1.12	0.00
	その他の国 (10人)	平均値	1.60	15.70	3.90	9.40	2.30
		標準偏差	0.52	5.19	0.99	3.31	0.67
旅行形態	旅行団体 (67人)	平均値	1.69	12.99	3.63	8.10	2.42
		標準偏差	0.86	4.10	1.00	2.35	0.53
	旅行個人 (18人)	平均値	2.11	10.39	3.00	7.00	2.00
		標準偏差	0.47	3.33	0.00	1.71	0.00
今回旅行同伴者	家族 (55人)	平均値	1.35	14.35	3.45	8.89	2.20
		標準偏差	0.58	3.78	1.09	2.23	0.45
	友人・家族 (17人)	平均値	3.00	9.00	4.00	6.00	3.00
		標準偏差	0.00	0.00	0.00	0.00	0.00
	仕事仲間 (5人)	平均値	2.00	9.40	3.00	6.00	2.00
		標準偏差	0.00	2.19	0.00	0.00	0.00
	同伴者なし (8人)	平均値	2.00	8.50	3.00	6.00	2.00
		標準偏差	0.00	2.07	0.00	0.00	0.00
選択した客室タイプ	客室街側 (40人)	平均値	1.78	10.38	2.93	7.20	2.13
		標準偏差	0.77	2.92	0.86	1.77	0.33
	客室海側 (37人)	平均値	1.95	13.16	3.78	7.57	2.38
		標準偏差	0.85	3.47	0.48	1.64	0.49
	露天風呂付き (8人)	平均値	1.00	19.38	5.00	12.63	3.13
		標準偏差	0.00	2.67	0.00	1.19	0.35
選択した宿泊プラン	1.4～1.7万円 (24人)	平均値	1.50	10.67	3.08	6.38	2.00
		標準偏差	0.51	3.78	0.72	1.13	0.00
	1.8～2.3万円 (38人)	平均値	2.13	10.74	3.32	7.03	2.45
		標準偏差	0.96	2.55	0.90	1.35	0.50
	2.4万円以上 (23人)	平均値	1.48	17.09	4.22	10.83	2.48
		標準偏差	0.51	2.50	0.74	1.56	0.59
ホテルを知る情報源	旅行会社の広告, 関連サイト, SNSのうち1つ (7人)	平均値	1.43	15.14	3.86	8.57	2.14
		標準偏差	0.53	5.52	0.69	2.76	0.38
	上記3つのうち2つ (38人)	平均値	2.50	10.45	3.70	6.80	2.70
		標準偏差	0.69	3.17	0.47	1.64	0.47
	上記すべて (40人)	平均値	1.54	11.81	3.11	7.97	2.35
		標準偏差	0.84	4.07	1.17	2.65	0.54
合計		平均値	1.78	12.44	3.49	7.87	2.33
		回答者数	85	85	85	85	85
		標準偏差	0.81	4.07	0.92	2.27	0.50

国と台湾が大半を占めた。

　今回の旅行形態では，団体が圧倒的に多く，日本旅行の経験回数に関しては平均が 1.78 回であった。旅行の総費用では，平均が 12.44 万円となっているが，熱海滞在の総費用平均が 3.49 万円である。20〜30 代が相対的に安く，40 代と 60 代が高い。

　滞在日数に関しては，日本旅行の平均滞在日数は 7.87 日であり，そのうち熱海滞在が 2.33 日である。即ちほとんどの旅行者は，1 泊 2 日のコースで熱海滞在していたのである。今回の旅行同伴者では，家族が大半を占めたが，訪日経験が少なく旅行日数が長く費用も相対的に多いのが特徴である。選択した客室タイプでは，眺めはやや劣るが割安である客室街側が最も多かった。最も高価な露天風呂付き客室を選択した回答者には，初来日で日本滞在および熱海滞在の日数が多いのが特徴である。選択した宿泊プランは，1.8〜2.3 万円が最も多かった。宿泊プランは客室タイプや料理の内容による差別化を図るものであった。中規模和風旅館を知る情報源については，大半の回答者がインターネットを中心に複数の情報源を利用している。総合的満足度の算出結果は 100.34％で，期待と満足がほぼ一致する結果となった。

(2)　総合的満足度への影響に関する重回帰分析

　表 12 は，総合的満足度への影響に関する階層的重回帰分析の結果である。階層的重回帰分析の手法を採用したのは，本研究で設定した 4 つの期待に関するそれぞれの説明変数を 4 つのステップごとに投入し，4 つの期待による寄与度をより明確に分析するためである。まず第 1 ステップで説明変数の①〜③（情報に基づく期待）を投入し，第 2 ステップでは④〜⑥（体験に基づく期待）を，第 3 ステップでは⑦〜⑩（目的に基づく期待）を，第 4 ステップでは⑪〜⑭（コストに基づく期待）を順次追加投入した。各ステップにおいて，全ての説明変数を一度に投入して目的変数の予測を行う強制投入法を採用した。

　表 12 は，ステップ別に VIF 値が 10 以下（多重共線性が回避された）で

表 12 総合的満足度への影響に関する階層的重回帰分析

| モデル | | 自由度調整済決定係数 | 標準化されていない係数 | | 標準化係数 | t 値 | 有意確率 |
			B	標準誤差	ベータ		
1	（定数）	.239	.972	.043		22.507	.000
	年齢 （A）		.025	.010	.274	2.518	.014
2	（定数）	.430	.468	.097		4.812	.000
	年齢 （A）		.021	.008	.234	2.553	.013
	日本での本ホテル以外の宿泊体験 (VJS)		.078	.012	.609	6.358	.000
	今回の熱海での滞在日数 （VAD）		.049	.019	.249	2.623	.011
3	（定数）	.482	.531	.102		5.212	.000
	年齢 （A）		.017	.009	.184	1.901	.041
	日本での本ホテル以外の宿泊体験 (VJS)		.083	.013	.645	6.341	.000
	今回の旅行同伴者 （TP）		.019	.011	.274	1.822	.042
4	（定数）	.542	.731	.116		6.281	.000
	日本での本ホテル以外の宿泊体験 (VJS)		.064	.015	.496	4.134	.000
	今回の旅行形態 （TT）		-.168	.052	-.701	-3.200	.002
	今回の旅行同伴者 （TP）		.075	.022	1.071	3.484	.001
	今回の日本旅行の総費用 （VJC）		.022	.009	.919	2.357	.021

あり，有意確率が 0.05 以下の変数（モデル）のみを表示している．その結果，第 4 ステップにおいて，モデル集計での自由度調整済み決定係数が 4 つのステップの中で最大値の 0.542 になり，15 の説明変数が総合的満足度の変動を 54.2%説明できることが分かった．さらに，第 4 ステップにおいて，有意水準に達したのは，「日本での本ホテル以外の宿泊体験」，「今回の旅行形態」，「今回の旅行同伴者」および「今回の日本旅行の総費用」の 4 つの変数であった．中でも「今回の旅行同伴者」の標準化係数は 0.075 で，最も大きなプラス要因であったことが窺える．一方，「今回の旅行形態」の標準化係数は−0.168 で，マイナス要因である結果となった．また標準化されていない係数 B に基づけば，「今回の日本旅行の総費用」が 1 万円増えると満足度が 2.2%増えることになる．

(3) 再宿泊，再訪願望への満足度の影響に関する重回帰分析

　表 13 は，「中規模和風旅館および類似ホテルへの再宿泊願望」「熱海および類似リゾート地への再訪願望」「日本再訪願望」の平均を示している。再宿泊願望，再訪願望が総じて高い。特に日本再訪願望が 8.71 で極めて高い得点であった。

表 13　再宿泊，再訪願望の平均点（0～10 の 11 段階）

	A ホテルおよび類似ホテルへの再宿泊願望	熱海および類似リゾート地への再訪願望	日本再訪願望
平均値	6.33	6.73	8.71
標準偏差	1.04	1.00	1.19

　表 14 は，「中規模和風旅館および類似ホテルへの再宿泊願望」への各種満足度の影響に関する階層的重回帰分析の結果が示されている。表 14 から表 16 に関して，階層的重回帰分析の手法を採用したのは，本研究において満足度に関する説明変数には 3 つの側面があり，3 つのステップごとに投入し，それぞれの側面による寄与度を分析するためである。まず第 1 ステップで説明変数の①～④（スタッフの接客態度や立地および温泉の質など和風

表 14　再宿泊への影響に関する重回帰分析

モデル		自由度調整済決定係数	標準化されていない係数 B	標準誤差	標準化係数 ベータ	t 値	有意確率
1	（定数）	.479	13.109	1.134		11.557	.000
	費用対効果満足度		−1.034	.174	−.777	−5.929	.000
2	（定数）	.844	6.394	.807		7.925	.000
	費用対効果満足度		−.447	.105	−.336	−4.240	.000
	温泉風呂満足度		1.417	.218	.769	6.488	.000
	食事満足度		.341	.090	.244	3.784	.000
	施設満足度		.288	.055	.345	5.273	.000
	部屋満足度		−1.492	.181	−1.174	−8.249	.000
3	（定数）	.840	6.397	.819		7.808	.000
	費用対効果満足度		−.452	.107	−.339	−4.224	.000
	温泉風呂満足度		1.447	.227	.785	6.360	.000
	食事満足度		.354	.094	.253	3.751	.000
	施設満足度		.286	.059	.343	4.861	.000
	部屋満足度		−1.509	.187	−1.187	−8.063	.000

旅館の基本条件への満足度）を投入し，第2ステップでは⑤〜⑦（具体的な
サービス内容への満足度）を，第3ステップでは⑧〜⑨（複数の宿泊プラン
から選択した結果への満足度）を順次追加投入した。

　本分析においては，各ステップごとに強制投入法を用いた。表6は，ス
テップ別にVIF値が10以下（多重共線性が回避された）であり，有意水準
が0.05以下の変数（モデル）のみを表示している．その結果，第2ステップ
において，モデル集計での自由度調整済み決定係数が3つのステップの中で
最高の0.844となり，7の説明変数が総合的満足度の変動を84.4%説明でき
ることが分かった。第3ステップでの説明変数投入は逆に決定係数を下げる
結果となった。第2ステップにおいて，「費用対効果満足度」，「温泉風呂満
足度」，「食事満足度」，「施設満足度」，「部屋満足度」という5つの説明変数
が有意水準に達した。中でも温泉風呂満足度の標準化係数は1.417で，最も
大きな影響を有していることがうかがえる。一方，費用対効果満足度および
部屋満足度は負の符号であった。

　表15は，「熱海および類似リゾート地への再訪願望」への各種満足度の影
響に関する階層的重回帰分析の結果である。説明変数の投入および結果の表
示方法は表6と同じであった。

表15　熱海および類似リゾート地への再訪願望への影響に関する重回帰分析

モデル		自由度調整済決定係数	標準化されていない係数		標準化係数		
			B	標準誤差	ベータ	t値	有意確率
1	（定数）	.690	-4.703	.845		-5.569	.000
	接客サービス満足度		-.391	.155	-.266	-2.514	.014
	温泉風呂満足度		1.122	.114	.630	9.831	.000
2	（定数）	.822	-1.898	.833		-2.278	.025
	費用対効果満足度		.553	.109	.430	5.083	.000
	温泉風呂満足度		.966	.225	.543	4.283	.000
	食事満足度		-.333	.093	-.246	-3.581	.001
	施設満足度		-.272	.056	-.337	-4.810	.000
3	（定数）	.817	-1.909	.847		-2.253	.027
	費用対効果満足度		.555	.111	.431	5.016	.000
	温泉風呂満足度		.957	.235	.538	4.069	.000
	食事満足度		-.338	.098	-.250	-3.463	.001
	施設満足度		-.274	.061	-.339	-4.494	.000

　その結果，第2ステップにおいて，モデル集計での自由度調整済み決定係数が3つのステップの中で最高の0.822なり，7の説明変数が総合的満足度の変動を82.2％説明できることが分かった。第3ステップでの説明変数投入は逆に決定係数を下げる結果となった。

　第2ステップにおいて，「費用対効果満足度」，「温泉風呂満足度」，「食事満足度」，「施設満足度」という4つの説明変数が統計的に有意であった（有意水準5％）。中でも温泉風呂満足度の標準化係数は0.966で，最も大きな値であった。一方，食事満足度と施設満足度は再訪願望にとってマイナスの影響要因である。

　表16は，「日本再訪願望」への各種満足度の影響に関する階層的重回帰分析の結果である。説明変数の投入および結果の表示方法は表6と同じであった。

　その結果，第3ステップにおいて，モデル集計での自由度調整済み決定係数が3つのステップの中で最高の0.557なり，7の説明変数が総合的満足度の変動を55.7％説明できることが分かった。第3ステップにおいて，「費用対効果満足度」，「立地条件満足度」，「食事満足度」，「部屋満足度」，「宿泊プ

表16　「日本再訪願望」への影響に関する重回帰分析

| モデル | | 自由度調整済決定係数 | 標準化されていない係数 | | 標準化係数 | t値 | 有意確率 |
			B	標準誤差	ベータ		
1	（定数）	.435	5.529	1.355		4.080	.000
	接客サービス満足度		.983	.249	.563	3.944	.000
	立地条件満足度		−.593	.104	−.577	−5.688	.000
	温泉風呂満足度		.596	.183	.282	3.256	.002
2	（定数）	.488	6.649	1.677		3.966	.000
	立地条件満足度		−.353	.128	−.343	−2.758	.007
	食事満足度		.536	.187	.333	2.860	.005
	部屋満足度		1.117	.376	.766	2.973	.004
3	（定数）	.557	6.959	1.567		4.441	.000
	費用対効果満足度		−.429	.205	−.281	−2.097	.039
	立地条件満足度		−.469	.127	−.456	−3.706	.000
	食事満足度		.704	.181	.438	3.897	.000
	部屋満足度		.839	.358	.575	2.345	.022
	宿泊プラン		−.466	.144	−.292	−3.247	.022

ラン」という5つの説明変数が有意水準に達した。中でも部屋満足度の標準
化係数は 0.839 で，最も大きな値であった。一方，費用対効果満足度，立地
条件満足度，宿泊プランは再訪願望にとってマイナスの影響要因である。

4.5 考 察

(1) 情報に基づく期待

情報に基づく期待と満足度との関係は，明確には示されていない。

情報源の活用に関しては，9割以上の回答者がインターネットを含む複数
の情報源を利用している（表12）実態からは，日進月歩に進化する情報化
社会において，宿泊施設に関する顧客間の情報格差が縮まっていると言えよ
う。

脇本・姜・大西（2019）によると，中国人観光客が出発前に得た日本の旅
行情報の中で中国独自の SNS である微博（weibo）や微信（wechat）は，
高齢者に普及しており，情報収集手段として活発に利用されている[22]。

また，中国では，観光予約サイトにおいて観光客が作成した旅行記が掲載
される傾向がある。たとえば大手の1つ「携程網」には，写真やビデオをふ
んだんに取り入れた日本旅行記が2万篇以上掲載され，日本観光のあらゆる
側面が詳細に紹介されている。

(2) 体験に基づく期待

日本での中規模和風旅館以外の宿泊体験の満足度が高いほど，中規模和風
旅館への期待が高くなるという関係が成り立つと言えよう。前述の Yun &
Pyo（2016）[23] や Cathy et al.（2009）[24] などの先行研究では，訪問前の段階
における期待と訪問後の満足度との関係が指摘されているが，ACSI は，顧
客期待には，以前の消費経験が含まれるとしているが，本調査における宿泊
者の期待は，中規模和風旅館に宿泊する以前の他の施設での宿泊体験を比較
基準にしていると言えよう。

⑶　目的に基づく期待

　ダミー変数である旅行形態と旅行同伴者は，前者では個人，後者では同伴者がいる方が大きい数字で集計されたが，団体より個人形態の回答者の満足度，家族以外の同伴者がいる回答者より同伴者がいない回答者の満足度が低いことがわかった。観光はただ景色や温泉や食事を楽しめば満足度が高いとは限らない。観光客同士の交流の場，旅館と個々の観光客とのサービス提供時のコミュニケーションなどへの配慮が満足度向上につながる可能性もあろう。

　これに関連する研究として，小川（2021）は，訪日外国人をもてなす宿泊施設では従業員と客のコミュニケーションの機会を増やすなど工夫が必要であると指摘した[25]。また，森下（2020）は，富士箱根ゲストハウス（民宿）の取り組みとして，日本人・外国人を問わず宿泊客同士でコミュニケーションを楽しめる共用スペース「国際交流ラウンジ」を設けた事例を紹介している[26]。宿泊客同士が仲良くなって一緒に観光地を回ったり，帰国後も交流を続けたり，といったケースもあるという。

⑷　コストに基づく期待

　日本旅行に費用を多くかける回答者ほど，満足度が高いことが統計的に示された一方，個別項目の「費用対効果」に関しては，期待と満足の不一致が各項目のうち最も大きく，満足度が最も低いことが本分析で明らかになった（表2）。

　JCSIが定義する顧客満足指数の1つである知覚価値の中にも，「コストパフォーマンス」が含まれているが，観光客の心理的活動に基づく「費用対効果」の期待と満足は，実際に支払ったコストとは無関係という結果であったと言える。「期待」は，事前にサービスを通して得られるであろう成果予測に依拠しているが[27]，「費用対効果」のうち，「費用」よりも「効果」への期待について情報を得ることがより重要であろう。

(5)　再宿泊・再訪願望に対する満足度の影響

再宿泊・再訪願望に対する満足度の影響とは，JCSI が定義する顧客満足指数の 1 つであるロイヤルティ（再利用意向）に該当する項目である。

宿泊した中規模和風旅館または同タイプの中規模和風旅館への再宿泊願望に対する満足度の影響が強いことがわかったが，温泉風呂満足度や食事満足度および部屋満足度は再宿泊願望に寄与する要因である一方，費用対効果満足度および部屋満足度は再宿泊願望を減退させる影響要因である。

熱海および類似リゾート地への再訪願望に関しては，温泉風呂および費用対効果への満足度は促進要因である一方，食事満足度と施設満足度は再訪を妨げる要因であった。

日本への再訪願望に関しては，食事満足度や部屋満足度は再訪願望を促す要因であるが，費用対効果満足度や立地条件および宿泊プランへの満足度が再訪願望を妨げる要因であった。

このような結果から見れば，再宿泊・再訪願望に関しては，中規模和風旅館での宿泊体験における個別項目の期待と満足の一致・不一致の影響は複雑であると言える。個別項目での満足度が高くても再宿泊・再訪願望を高めることに直結するとは限らず，一方満足度が多少低くても再宿泊・再訪願望を減退させることにはならない。

4.6　まとめ

上述の解析結果および考察を踏まえ，本研究で設定した仮説検証の結果を以下に結論を示す。

仮説 1 については，実際の満足度は年齢による違い以外に各種情報に基づく期待から影響を受けることが統計的に確認されなかった。その背後には，ネットを通じた情報の発信と受信が一般化し，宿泊施設を含む観光情報の取得については均質化現象があると思われる。仮説 2 については，過去の宿泊体験に基づく期待に影響を受けることが本分析によって示された。仮説 3 に

ついては，実際の満足度が旅行の形態や同伴者や滞在日数といった旅行の目的を反映する要素に基づく期待に影響を受けることがわかった。仮説4については，実際の満足度はコストに基づく期待に影響を受けない結果となった。仮説5，仮説6および仮説7については，複数の項目における満足度が同タイプの中規模和風旅館での宿泊や，熱海または類似するリゾート地および日本への再訪問願望にも影響を与えることが裏付けられた。

　以上を総括すると，仮説1と仮説4は棄却されたが，仮説2，3，5，6，7が支持された。この結果を踏まえて，本研究は，過去の宿泊体験や訪問目的に基づく期待が実際に宿泊した時の外国人観光客の満足度に影響を与え，その満足度は同タイプ旅館への再宿泊願望，類似するリゾート地および日本への再訪問願望に影響を及ぼすと結論づけられる。

　本研究は，観光客の「期待」の発生原因と種類，その「期待」と温泉リゾート地および和風旅館における外国人観光客の満足度との関係，期待と満足の一致・不一致による再訪願望への影響に関して興味深い結論が得られた。

　上記の成果は，近年急増した文化背景や観光に関する考えが日本人と異なる訪日外国人観光客の宿泊の実態を把握することを踏まえ，いかに顧客満足を高めるかに関する要因の把握と有効な手法の検討に関して示唆を与えるものである。温泉リゾート地および和風旅館のサービスに関する研究上の空白を少しでも埋める意義があると考えられる。

　一方，訪日外国人観光客を対象に「期待」と「満足」について2枚の回答用紙を依頼したために，有効回答数が比較的少なかった点は今後の課題といえる。こうしたデータ制約の結果，「期待」と「満足」における異なる文化背景や経済力による違いを十分にとらえたとは言い難い。中規模和風旅館同士に関しては，サービスの形態や経営方式に高い類似性がある一方，観光客誘致に関する考え方や経営方針に大きく異なる可能性もあり，その違いが観光客満足度に影響する要因になることも考えられる。今後これらの限界を克服し，研究の深化を図る必要がある。

注

1　国土交通省観光庁（2020）「宿泊旅行統計調査報告（平成31年1月〜令和元年12月）」5-9頁。

2　熱海市観光建設部観光経済課（2020）「令和元年版　熱海市の観光」。

3　国土交通省観光庁（2020），前掲注1。

4　一般社団法人日本旅館協会（2017）では，客室数100室以上が「大旅館」，客室数31室以上99室以下が「中旅館」，客室数30室以下が「小旅館」と分類されている。

5　Oliver, Richard L. (1980), "A Cognitive Model of the Antecedents and Consequences of Satisfaction Decisions," *Journal of Marketing Research*, 17 (4), pp. 460-469.

6　太田壮哉（2011）「顧客満足を説明する期待不一致効果」『経営学研究論集』35, 95-107頁。

7　サービス産業生産性協議会（2010）「顧客満足度調査（JCSI）」(https://www.jpc-net.jp/research/jcsi/causal_model/)。

8　太田（2011），前掲注6。

9　太田（2011），前掲注6。

10　奥瀬喜之（2008）「顧客満足概念とその測定に関わる研究の系譜」『専修商学論集』88, 55-59頁。

11　藤村和宏（1999）「日本人のサービス消費における満足形成の特質」『香川大学経済論叢』72(1), 215-240頁。

12　古屋繁・櫻井貴章・羽渕琢哉・杉山和雄（2014）「顧客満足度における「期待」マネジメントのための構造化—サービスデザインの枠組みに関する基礎研究—」『日本デザイン学会研究発表大会概要集』61 (0), 日本デザイン学会, 145頁。

13　田静・加藤里美（2016）「外国人の日本旅行に関する意識—期待レベルと実際の満足レベル—」日本経営診断学会『日本経営診断学会論集』102-107頁。

14　盧剛・山口一美（2012）「訪日中国人観光者の再来訪を促す要因の研究」『生活科学研究』34, 187-197頁。

15　五十嵐元一（2014）「顧客満足度の高い宿泊業の企業行動」桜美林論考『ビジネスマネジメントレビュー』1-12頁。

16　Yun, Dongkoo and Sungsoo Pyo (2016), An Examination of an Integrated Tourist Satisfaction Model: Expectations and Desires Congruency, Travel and Tourism Research Association: Advancing Tourism Research Globally, 14. (https://scholarworks.umass.edu/ttra/2013/AcademicPapers_Oral/14)

17　Cathy, H. C., Hsu, Liping A. and Mimi Li Cai (2009), "Expectation, Motivation, and Attitude: A Tourist Behavioral Model," *Journal of Travel Research*, 49 (3), pp. 282-296. doi.org/10.1177/004728750934926

18　Macy, Wong, Ronnie, Cheung and Wan Alvin (2013), "A Study on Traveler Expectation, Motivation and Attitude," *Contemporary Management Research*, 9 (2), pp. 169-186. doi:10.7903/cmr.11023

19　Shida, Irwana, Omar, Masitah, Muhibudin, Izatul Yussof and Mohamed Badaruddin (2013), "Tourist Satisfaction as the Key to Destination Survival in Pahang Mohd Fauzi Sukiman," *Procedia-Social and Behavioral Sciences*, 91, pp. 78-87.

20　American Customer Satisfaction Index (ACSI) (https://www.theacsi.org/about-acsi/the-science-of-customer-satisfaction)

21　携程網 (https://you.ctrip.com/travels/japan100041.html)。

22　脇本忍・姜思義・大西隆士（2019）「沖縄におけるインバウンド市場調査—中国人観光客の消費者行動とSNSの関係性—」『聖泉論叢』26, 1-12頁。

23　Yun & Pyo (2016), 前掲注16。

24　Cathy et al.（2009），前掲注 17。

25　小川祐一（2021）「訪日外国人への接客と経営方針・人材育成に関する考察」『文化学園大学・文化学園大学短期大学部紀要』52，2436 頁。

26　森下俊一郎（2020）「宿泊業における訪日外国人観光客へのおもてなしのマネジメント—「山城屋」，「澤の屋」および「富士箱根ゲストハウス」の事例分析—」『日本経営診断学会全国大会予稿集 20（0），105108。

27　藤村（1999），前掲注 11。

第 5 章

訪日中国人の年齢構成に対する
中国の少子高齢化の影響

5.1 はじめに

(1) 本研究の背景

60 歳以上の年齢層別訪日中国人の推移について，訪日外国人全体と比較

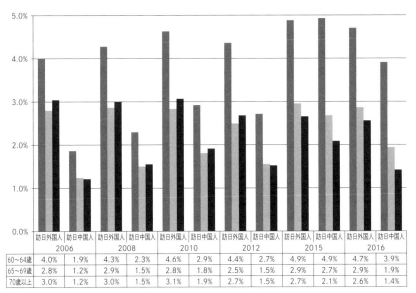

	訪日外国人 2006	訪日中国人 2006	訪日外国人 2008	訪日中国人 2008	訪日外国人 2010	訪日中国人 2010	訪日外国人 2012	訪日中国人 2012	訪日外国人 2015	訪日中国人 2015	訪日外国人 2016	訪日中国人 2016
60〜64歳	4.0%	1.9%	4.3%	2.3%	4.6%	2.9%	4.4%	2.7%	4.9%	4.9%	4.7%	3.9%
65〜69歳	2.8%	1.2%	2.9%	1.5%	2.8%	1.8%	2.5%	1.5%	2.9%	2.7%	2.9%	1.9%
70歳以上	3.0%	1.2%	3.0%	1.5%	3.1%	1.9%	2.7%	1.5%	2.7%	2.1%	2.6%	1.4%

■ 60〜64歳　■ 65〜69歳　■ 70歳以上

出典：法務省「出入国管理統計表」[1] に基づき，筆者が編集。

図7　2006〜2016 年の訪日外国人・中国人の年齢層の推移（60 歳以上）

すると，一貫して低い比率に止まっている。

　図7は，2006〜2016年の訪日外国人・中国人について，60〜64歳，65〜69歳，70歳以上という3つの年齢層の比較を示している。訪日中国人は，60〜64歳が2015年に訪日外国人の平均と同率であった以外，一貫して訪日外国人を下回ってきたが，2006年に比べると，2016年では，60〜64歳では1.9％から3.9％へ，65〜69歳では1.2％から1.9％へ，70歳以上では1.2％から1.4％へと高くなっている。訪日外国人全体では，60〜64歳では4.0％から4.7％へ，65〜69歳では2.8％から2.9％へと高くなった一方，70歳以上では3.0％から2.6％へ下がった。

　図8は，2006〜2016年における訪日中国人の年齢層別比率の推移を7つの年齢層に分けて，示している。「40〜44歳」は，唯一2016年が2006年に比べ，比率が下がった年齢層であった。「45〜49歳」は，2010年の10％を最高に下げに転じ，2016年には2006年の水準に逆戻りした。「50〜54歳」

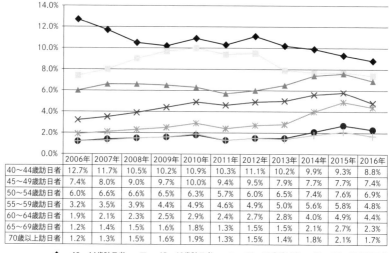

	2006年	2007年	2008年	2009年	2010年	2011年	2012年	2013年	2014年	2015年	2016年
40〜44歳訪日者	12.7%	11.7%	10.5%	10.2%	10.9%	10.3%	11.1%	10.2%	9.9%	9.3%	8.8%
45〜49歳訪日者	7.4%	8.0%	9.0%	9.7%	10.0%	9.4%	9.5%	7.9%	7.7%	7.7%	7.4%
50〜54歳訪日者	6.0%	6.6%	6.6%	6.5%	6.3%	5.7%	6.0%	6.5%	7.4%	7.6%	6.9%
55〜59歳訪日者	3.2%	3.5%	3.9%	4.4%	4.9%	4.6%	4.9%	5.0%	5.6%	5.8%	4.8%
60〜64歳訪日者	1.9%	2.1%	2.3%	2.5%	2.9%	2.4%	2.7%	2.8%	4.0%	4.9%	4.4%
65〜69歳訪日者	1.2%	1.4%	1.5%	1.6%	1.8%	1.3%	1.5%	1.5%	2.1%	2.7%	2.3%
70歳以上訪日者	1.2%	1.3%	1.5%	1.6%	1.9%	1.3%	1.5%	1.4%	1.8%	2.1%	1.7%

出典：法務省「出入国管理統計表」[2] に基づき，筆者が編集。

図8　2006〜2016年における訪日中国人の年齢層別比率の推移

は，緩やかな上昇であった。「55〜59 歳」より上の年齢層は，増加幅が大き
かった。特に以降の，「60〜64 歳」と「65〜69 歳」は，2016 年が 2006 年に
比べ，倍増または倍増に近い増加であった。

(2) 研究課題と目的

　観光客を中心に，訪日中国人が持続的に増えている。筆者が注目したの
は，その年齢構成の推移に見られる 2 つの傾向である。まず図 8 が示す
（2006〜2016 年の 11 年間平均値）ように，訪日中国人は，60〜64 歳，65〜
69 歳，70 歳以上という 3 つの年齢層では，訪日外国人全体に比べて，すべ
て低い比率となっている。一方，この 3 つの年齢層の比率が長期的に増加す
る傾向が見られる。2 つ目の傾向が続ければ，1 つ目の傾向に変化をもたら
すのか。また，中国における少子高齢化の進行が 2 つ目の傾向の継続につな
がるのか，という疑問がある。中国の少子高齢化がさらに進行し，少子高齢
化が訪日中国人の年齢構成の変化と関係があるとすれば，今後訪日中国人の
年齢構成での高齢化が考えられ，そのための対応が観光業界の課題となる。
本章ではこのような点を踏まえて，訪日中国人の年齢構成に対する中国の少
子高齢化の影響を考察することを目的としたい。

5.2　先行研究レビュー

(1) 少子高齢化の進行に伴う諸問題

　先行研究では，中国における少子高齢化の進行が報告されている。
　中国民政部の《老年人社会福利機構基本規範》（2001.2）では，高齢者に
ついて「老年人（高齢者）」を 60 歳以上の人と定義・分類している。また，
総人口にしめる 65 歳以上の人口の割合が老年化指数と呼ばれる。2001 年
ごろに，中国の総人口における 65 歳以上人口の割合が 7 ％を超え，中国は
日本や韓国に続き人口高齢化社会に入った[3]。また，65 歳以上高齢人口は，
2012 年には 1.27 億人へ増大し，2016 年には，さらに 65 歳以上人口の割合

が10.8％に達して，高齢化が一段と進行している[4]。

　少子高齢化がもたらす問題において，年金問題や扶養構造の問題が指摘されている。中国の人口構成バランスは崩れ始め，2人の若い夫婦は親4人の老後の面倒を見るという構図になりつつある[5]。

　現段階で農村と都市部の低所得者層，都市部の勤労者層，政府の公務員という3つの階層別に分けて対応する年金制度が敷かれているが，市場経済化改革がまた発展途上にある等の現状からすると，優遇される公務員を別として，一般市民に適用される年金制度を安定的・持続的に維持することは困難である[6]。

　王逸飛（2013）によると，中国における伝統的な高齢者の扶養は，①主として子女に託されるが，若干本人の労働や配偶者に頼る農村老人，②「退休金」を受け経済的に自立するが，生活の面倒は家庭内扶養に頼る都市部の職員・労働者であった老人，③親戚や友人および政府によって社会的救済されるより他に寄りどころのない老人，という3つの対応に大別することができる[7]。急速な高齢化の進行により，老人扶養危機と急増する年金費用が大きな社会問題と経済問題として浮上している[8]。中国では，農村地域の社会インフラ整備が出遅れ，年金や医療などの社会保障制度が整えられていないために，高齢者は子供の扶養に頼らざるを得ない，という実態がある[9]。

　以上を踏まえて高齢者の扶養については，年金制度の恩恵を受けにくい農村住民と比較的優遇される都市住民との違いがある点に注意が必要である。一方，今後高齢化の深刻化により年金制度の維持が難しくなり，家族の扶養への依存が高まる可能性がある。経済的に自立できない高齢者の増加は，15〜59歳の若年および中年者の負担増につながり，国外旅行をする経済的余裕が減る状況を招くことも予想される。

(2)　中国における観光需要の動向

　Dichter & Jin et al.（2018）によると，消費額において，中国はすでに世界最大規模の海外旅行市場となっており，2020年には1億6千万人に達し，

2020 年には消費額が 2,030 億人民元を超えると予想される[10]。

　観光需要の予測に関しては、いままで旅行会社や観光機関が主に過去の実績や経験則に基づいて個別に実施してきたが、年齢、性別、居住地といった観光客の属性別の違いが十分に考慮されておらず、また予測の精度も、急に発生する流行病や自然災害などの変動要因によって低減されるという問題がある[11]。

　可処分所得が先進国に劣るため、中国人は国外観光目的地の選択にあたり、旅行支出をできる限り抑えようとしている。中国最大のオンライン旅行予約サイト「Ctrip」において、2017 年 10 月に設定される国外への団体観光コースの費用に関しては、アメリカ（ニューヨーク、ワシントン、ボストンなど）コースが 6 泊 10,404 元、ヨーロッパ（パリ、ミラン、ローマなど）コースが 7 泊 19,800 元であるのに対し、日本（東京、京都、大阪など）は、5 泊 4,388 元で、普通の中国人にも受け入れやすいコストであり、割安感が目立つ[12]。その上、距離的に近いこと、同じ時差であること、同じ漢字圏に属する親近感など、日本観光ブームを今後も持続させる、様々な積極要因があるとしている[13]。

　ビザ発給要件の緩和などにより、訪日観光客の団体離れが生じ、また従来の富裕層による個人旅行に加えて、低所得層の個人旅行も増えるとの展望が旅行会社から示されている[14]。

　社会の進展と所得の上昇に伴い、社会保障制度のさらなる改善により、多くの高齢者は従来の「高蓄積、軽消費」の価値観から離れ始め、生活の質を追求する新しい消費価値観へ変わりつつある。これにより、海外旅行者がますます増加している[15]。

　以上の先行研究により、今後も中国人の観光需要が増えていくことが予想されよう。

(3) 長距離観光および海外旅行における年齢構成の特徴

　観光サイト「驢媽媽旅游網」の発表によると、長距離移動を伴う中国国

内観光を行う主力は，23〜37歳の年齢層であり，そのうち，23〜32歳の観光客は45％を占め，33〜37歳の観光客は33％を占めており，両者の合計は78％に達して，他の年齢層を圧倒している（驢媽媽旅游網 2018)[16]。また，Ctrip社の予約統計では，カップルが39％，3人・4人グループの合計が40％に達しており，恋人同士や親子を中心とする家族旅行が長距離移動を伴う中国国内観光の主要形態である[17]（中国旅游研究院 2018)。

　2017年に，ヨーロッパを訪問した中国人は600万人を超えているが，主力は，30〜40歳の年齢層である。この年齢層の人々は，収入および消費能力が比較的高く，家族旅行タイプの観光が多いので，良質なサービスや快適さ体験に対するニーズが高い（中国旅游研究院 2018)[18]。

　海外旅行に出かける中国人観光客の年齢は，他の国に比べて若い。たとえば，アメリカへの中国人観光客の平均年齢は35歳で，調査対象となった40カ国以上の平均よりも低い。イギリスでは，中国人観光客の半数以上が16歳から34歳の間であり，日本と韓国を訪れる中国人観光客のうち，63％と70％はそれぞれ40歳未満である（Dichter & Jin et al. 2018)[19]。

　以上を踏まえて，中国人の観光における年齢構成の特徴として，中国国内の長距離観光では，23〜37歳が全体の8割弱を占めるが，海外旅行においても他の国に比べて年齢層が相対的に若いことがわかった。

(4)　高齢者観光の特徴

　Babou（2005）は，シニア観光市場について年齢別に50〜59歳でまだ働いている，より良い「マスター」層，60〜74歳は時間とお金の両方から「解放された」層，75歳以上は低所得と健康制限ありの「撤退」層に分けられるとしている[20]。

　Eunju et al.（2014）は，観光に対する高齢者のモチベーションが余暇生活領域の満足度にプラスの影響があり，余暇生活領域への満足度はまた，高齢者の全体的な生活満足度につながるとの調査結果を踏まえ，観光は高齢者の生活の質を向上させる手段になりうると指摘している[21]。

　Elisa et al. (2016) は，高齢者人口の比較的高い購買力が多くの産業に市場性を示唆しているが，観光セクターが最大の受益者の1つとして浮上しているとしている[22]。

　中国高齢者の海外旅行について，渡航先として東南アジアおよび韓国など近隣諸国を選ぶ場合が多く，自己資金や子供の援助に加えて，労働組合および高齢化団体の出費による場合もあるなど資金源の多様性が見られ，3〜6月および9〜11月のオフシーズンを選ぶ高齢者が多い，などの特徴が指摘されている（智研諮洵集団 2018)[23]。

　中高年（45歳以上の中年者と高年者）観光客の中で，月収5,000元以上の中高年観光客の割合は57.8％を占め，そのうち月収7,000元を超える高所得者は31.3％を占めた（智研諮洵集団 2018)[24]。

　高齢者の87％が旅行意欲を持ち，60歳以上の7割が8日間以上の中長期観光を年2回以上行っており，年3回以上の高齢者も全体の2割に達している（中投顧問 2016)[25]。

　高齢者旅行市場には，①旅行への意欲は強い。②旅行時間の設定はもっと柔軟にできる。③観光需要はより多様化している。④コスト・パフォーマンスおよびサービス品質を重視。⑤団体旅行を好む，といった特徴が指摘されている（胡 2016)[26]。

　日本の少子高齢化は，国内観光客数の減少要因になるとの分析があるが（李 2016)[27]，少子高齢化と海外旅行者数の変化との関係に関する研究は確認できなかった。

　以上を踏まえて，世界的に見て，高齢者観光は今後も拡大する可能性を潜んでいる。中国人高齢者の観光において，旅行意欲が高く，オフシーズンを選好し，資金源に多様性があるといった特徴が見られることがわかった。

5.3　問題意識および研究方法

　先行研究では，海外旅行における年齢構成の特徴として，若い年齢層が他

国に比べて多いことは，前述の訪日中国人の実態と一致する。また，若年お
よび中年者の海外旅行に関しては，少子高齢化の進行に伴う年金問題や扶養
構造の問題による負担増および総人口に占める比率の低下が，海外旅行の影
響要因になり得る。高齢者観光については，拡大する可能性が示された。一
方，先行研究では，訪日中国人の年齢構成がどのように推移してきたか，そ
の推移は，中国の少子高齢化の進行とどのような関係を有するかについての
考察は，十分なされていない。そこで，以下の仮説を立てることとした。

(1) 仮　説

　前述の問題意識に基づき，本研究は次の3つの仮説を立て，訪日中国人の
年齢構成に対する中国の少子高齢化の影響をについて検証を行う。

仮説1：40〜49歳の年齢層が総人口に占める比率の低下により，当該年齢
　　　　層が訪日者に占めるシェアは，低下する可能性がある。

仮説2：50〜59歳の年齢層が「総人口に占める比率の上昇により，当該年
　　　　齢層が訪日者に占めるシェアは，拡大する可能性が考えられる。

仮説3：「65歳以上人口比率」および「高齢者扶養比率」の上昇により，60
　　　　歳を超える高齢者層が訪日者にしめるシェアは，さらに高くなる可
　　　　能性がある。

　本研究は，2006〜2016年における訪日中国人の年齢構成の推移を目的変
数に設定し，その推移に影響を及ぼすと思われる要素を説明変数に設定し，
相関係数と重回帰分析により，両者の相関関係を明らかにする。

　目的変数は，以下の年齢層別の訪日者比率である。① 40〜44歳（a1），
② 45〜49歳（a2），③ 50〜54歳（a3），④ 55〜59歳（a4），⑤ 60〜64歳
（a5），⑥ 65〜69歳（a6），⑦ 70歳以上（a7）。40歳からの年齢層比率を目
的変数に設定するのは，この年齢層からは，子供の養育に加え，高齢者の親
を支援する経済的負担を強いられる可能性があるからである。中国の定年
（公的年金制度における年金支給開始年齢）は，性別・職種別で異なり，原

則として男性は 60 歳，女性は幹部が 55 歳，ワーカー（現場労働者）が 50 歳となっている（加藤 2016, 66-67 頁）。年金は，現役時代の収入に比べて，半分以下に激減するのが一般的である（張・杉澤 2015, 97-98 頁）[28]。

　説明変数は，以下の 6 つの項目である。

① 　0～14 歳人口比率（pr1）

② 　15～64 歳人口比率（pr2）

③ 　65 歳以上人口比率（pr3）

④ 　総扶養比率（tdr）[29]

⑤ 　子供扶養比率（cdr）[30]

⑥ 　高齢者扶養比率（edr）[31]

⑦ 　人民元円レート（rmr）

①～③は，少子高齢化の傾向を示す指標である。④～⑤は，少子高齢化の進行による影響を示す指標である。⑦は，訪日旅行の費用に影響を与える要素である。

(2)　重回帰分析の推計式

　推計式

$$\text{Log}(OPT) = a + \sum pr1 + \sum pr2 + \sum pr3 + \sum tdr + \sum cdr + \sum edr + \sum rmr + c$$

　a は定数項，c は誤差項。

　OTP（目的変数）= a1, a2, a3, a4, a5, a6, a7

　説明変数：pr1 = 1, ..., 11　　pr2 = 1, ..., 11　　pr3 = 1, ..., 11　　tdr = 1, ..., 11

　　　　　　cdr = 1, ..., 11　　edr = 1, ..., 11　　rmr = 1, ..., 11

(3)　分析手法

　ここでは，相関分析と重回帰分析を行う。

　1）相関分析

　目的変数と説明変数の相関分析を行い，どの説明変数とも有意な相関係数

が得られなかった目的変数については，重回帰分析には投入しないこととする。

　2）重回帰分析

　統計解析ソフトSPSS Statistics Ver. 25を使用し，目的変数と説明変数との因果関係を明らかにする。最適な変数を選択するために，ステップワイズ法[32]を採用する。多重共線性を回避するために共線性の診断を行い，選択された変数（モデル）のVIF値が10を超えた場合[33]，相関係数が高い2つの変数のうち，1つを外して再投入する。

5.4　調査結果

(1)　中国における人口動向および扶養率の推移

　図9は，2006～2016年の中国における総扶養比率，子供扶養比率および高齢者扶養比率の変化を示している。高齢者扶養比率が上昇を続けてきたのに対し，子供扶養比率は，2006年の27.3%から2011年の22.1%に下がった後，わずかな上昇を続けてきた。この2つの指標の合計となる総扶養比率，2006年の38.3%から2011年の34.2%に下がった後，上昇を続け2016年に

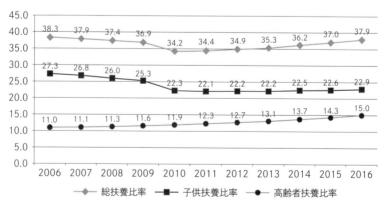

出典：中国国家統計局のデータに基づき，筆者が編集。

図9　中国における扶養比率の変化（%）

は 2007 年と同水準の 37.9％に逆戻りした。

(2) 訪日中国人の年齢層別比率の変化要因に関する相関係数分析

　表 17 は，訪日中国人の年齢層別比率の変化要因に関するピアソンの積率相関係数（有意確水準＝ p ＜ 0.05）を示している。

　「40〜44 歳」に関しては，0〜14 歳人口比率と子供扶養比率との相関係数および 65 歳以上人口比率と高齢者扶養比率との負の相関係数は統計的に有意であったが，他の項目との相関係数に有意性が見られなかった。「45〜49 歳」に関しては，15〜64 歳人口比率と人民元円レートとの相関係数および総扶養比率との負の相関係数は有意であったが，他の項目との相関係数に有意性が見られなかった。「50〜54 歳」に関しては，高齢者扶養比率との相関係数および人民元円レートとの負の相関係数は，有意であったが，他の項目との相関係数に有意性が見られなかった。「55〜59 歳」に関しては，65 歳以上人口比率と高齢者扶養比率との相関係数，0〜14 歳人口比率および子供扶養比率との負の相関係数は有意であったが，他の項目との相関係数に有意性が見られなかった。

　「60〜64 歳」に関しては，65 歳以上人口比率と高齢者扶養比率との相関係数，0〜14 歳人口比率および人民元円レートとの負の相関係数は有意であったが，他の項目との相関係数に有意性が見られなかった。「65〜69 歳」に関

表 17　年齢層別訪日中国人の人数変化要因に関する相関係数

訪日中国人年齢層	0〜14歳人口比率	15〜64歳人口比率	65歳以上人口比率	総扶養比率	子供扶養比率	高齢者扶養比率	人民元円レート
40〜44 歳	.658*	-.098	-.839**	-.101	.621*	-.830**	.421
45〜49 歳	-.119	.633*	-.352	-.648*	-.188	-.424	.809**
50〜54 歳	-.207	-.369	.592	.369	-.138	.603*	-.901**
55〜59 歳	-.897**	.489	.851**	-.487	-.873**	.794**	-.328
60〜64 歳	-.633*	-.043	.918**	.050	-.573	.922**	-.672*
65〜69 歳	-.513	-.120	.815**	.126	-.453	.820**	-.692*
70 歳以上	-.541	.142	.638*	-.142	-.506	.606*	-.443

　＊　相関係数は 5% 水準で有意（両側）。
　＊＊　相関係数は 1% 水準で有意（両側）

しては，65歳以上人口比率と高齢者扶養比率との相関係数および人民元円レートとの負の相関係数有意であったが，他の項目との相関係数に有意性が見られなかった。「70歳以上」に関しては，65歳以上人口比率と高齢者扶養比率との相関係数は有意であったが，他の項目との相関係数に有意性が見られなかった。

(3)　訪日中国人の年齢層別比率の変化要因に関する重回帰分析

　表18は，訪日中国人の年齢層別比率の変化要因に関する重回帰分析の結果である。

　「40〜44歳」に関しては，「65歳以上人口比率」が，目的変数を説明する予測率が高い説明変数のモデルとして残った。自由度調整済決定係数が0.673になり，この年齢層の訪日者比率の変動を約67%説明できることが分かった。また標準化係数は，−0.839で，大きなマイナス影響を有することが窺える。非標準化係数Bが−0.396であるが，「65歳以上人口比率」が1%増えるとこの年齢層の訪日者比率を0.39%下げる効果が予測される。

　「45〜49歳」に関しては「人民元円レート」が，目的変数を説明する予測

表18　訪日中国人の年齢層別比率の変化要因に関する重回帰分析

訪日中国人年齢層	選択されたモデル	決定係数	調整済決定係数	F値の有意確率	標準化されていない係数		標準化係数 ベータ	t値	t値の有意確率
					B	標準誤差			
40〜44歳	（定数）	.707	.673	.001a	.190	.018		10.294	.000
	中国における65歳以上人口比率				-.397	.200	-.839	-4.631	.001
45〜49歳	（定数）	.654	.616	.001a	.026	.015		1.755	.113
	人民元円レート				1.009	.002	.809	4.126	.003
50〜54歳	（定数）	.811	.790	.001a	.104	.006		16.709	.000
	人民元円レート				-.994	.001	-.901	-6.214	.000
55〜59歳	（定数）	.900	.877	.000b	-.349	.044	-.891	-7.958	.000
	中国における子供扶養比率				.997	.001	-.373	-3.327	.010
	人民元円レート				.997	.001	-.304	-2.674	.028
60〜64歳	（定数）	.851	.834	.001a	-.055	.012		-4.619	.001
	中国における高齢者扶養比率				1.969	.095	.922	7.159	.000
65〜69歳	（定数）	.672	.636	.002a	-.018	.008		-2.200	.055
	中国における高齢者扶養比率				1.326	.066	.820	4.294	.002
70歳以上	（定数）	.407	.341	.002a	-.001	.007		-.148	.886
	中国における65歳以上人口比率				1.200	.073	.638	2.487	.035

率が高い説明変数のモデルとして残った。自由度調整済決定係数が 0.616 に
なり，この年齢層の訪日者比率の変動を約 62%説明できることが分かった。
また，標準化係数は，0.809 で，大きな影響を有することが窺える。非標準
化係数 B が 1.009 であるが，「人民元レート」が 1 ポイント上昇した場合，
「45 歳から 49 歳までの訪日客」が 1%増加することになる。

　「50〜54 歳」に関しても，「人民元円レート」が目的変数を説明する予測
率が高い説明変数のモデルとして残った。自由度調整済決定係数が 0.790 に
なり，この年齢層の訪日者比率の変動を約 79%説明できることが分かった。
また，標準化係数は，−0.901 で，大きなマイナス影響を有することが窺え
る。非標準化係数 B が−0.994 であるが，「人民元レート」が 1 元上昇した
場合，「50 歳から 54 歳までの訪日客」が 0.99%減少することになる。

　「55〜59 歳」に関しては，残った説明変数のモデルに「子供扶養比率」と
「人民元円レート」の 2 つの変数が有意であった。自由度調整済決定係数が
0.877 になり，2 つの変数でこの年齢層の訪日者比率の変動を約 88%説明で
きることが分かった。また標準化係数は，「子供扶養比率」が−0.373 で，
「人民元円レート」に比べてマイナス影響がやや大きいことが窺える。非標
準化係数 B では，両変数とも−0.997 であるが，子供扶養比率が 1%上昇す
ると，また「人民元円レート」が 1 元の元高元安であると，この年齢層の訪
日者比率がそれぞれの変数に対し 0.997%ずつ減少することになる。

　「60〜64 歳」に関しては，残った説明変数のモデルに「高齢者扶養比率」
が，有意であった。自由度調整済決定係数が 0.834 になり，この年齢層の訪
日者比率の変動を約 83%説明できることが分かった。また，標準化係数は，
0.922 で，大きな影響を有することが窺える。非標準化係数 B が 1.969 であ
るが，「中国における高齢者扶養比率」が 1 ポイント上昇した場合，「60 か
ら 64 歳までの訪日客比率」が 1.96%増加することになる。

　「65〜69 歳」に関しても，残った説明変数のモデルに「高齢者扶養比率」
が，統計的に有意であった。調整済み R2 が 0.636 になり，この年齢層の訪
日者比率の変動を約 63.6%説明できることが分かった。また，標準化係数

は，0.820 で，大きな影響を有することが窺える。非標準化係数 B が 1.326
であるが，「中国における高齢者扶養

比率」が 1 ポイント上昇した場合，「65 から 69 歳までの訪日客」が 1.32%
増加することになる。

「70 歳以上」に関しては，残った説明変数のモデルに「65 歳以上人口比
率」が，統計的に有意であった。自由度調整済決定係数が 0.341 になり，こ
の年齢層の訪日者比率の変動を約 34% 説明できることが分かった。また，
標準化係数は，0.638 で，一定の影響を有することが窺える。非標準化係数
B が 1.200 であるが，「中国における 65 歳以上人口比率」が 1 ポイント上昇
した場合，「70 歳以上の訪日客」が 1.20% 増加することになる。

5.5　考　察

(1)　人口動向および訪日中国人の年齢構成

　中国国家統計局の統計に示した動向から，少子高齢化の進行が確認された
と言える。0〜14 歳の未成年層と 15〜64 歳の生産年齢人口層が明確な減少
傾向を示した一方，65 歳以上の高齢者層のシェアが大きくなり続けている。
それを反映して，生産年齢人口層の経済的負担を意味する高齢者扶養比率が
長期的な上昇を続けてきた。

　訪日中国人の年齢構成に関しては，先行研究で述べられた，「海外旅行に
出かける中国人観光客の年齢は，他の国に比べて若い」という傾向は，中国
人の年齢層が 11 年間平均値で見た外国人全体の年齢層構成と比較した場合
でも裏付けられた。

　訪日中国人の人数が，2006 年の 98 万人から 2016 年の 517 万人に増えて
おり，すべての年齢層において大幅な増加であったが，そうした中，特に高
齢者のシェアが拡大し続けてきた。60〜64 歳，65〜69 歳，70 歳以上という
3 つの高齢者層については，全体を占める比率は外国人に比べて低いが，長
期的な上昇傾向が見られている。特に 2015 年の比率は，60〜64 歳では外国

人の平均と同率で，65〜69 歳では 2006 年の 1.6％差から 0.2％差に縮まって
いる。

(2)　少子高齢化の影響

　中国の少子高齢化が訪日中国人の年齢構成に与える影響要因については，
「65 歳以上人口比率」，「子供扶養比率」および「高齢者扶養比率」の 3 項目
が明確に確認された。

　一方，その影響要因は，すべての年齢層に同様に作用したのではない。

　「65 歳以上人口比率」の増加に起因している変化は，訪日中国人における
「40〜44 歳」の年齢層のシェアが下降傾向にあることと，「70 歳以上」の年
齢層のシェアが上昇傾向にあることに反映されている。高齢者人口の比率が
長期的な上昇傾向であることは，相対的に訪日中国人の高齢化にもつなが
り，「40〜44 歳」の年齢層のシェア低下および「70 歳以上」の年齢層のシェ
ア拡大を招いているからであろう。

　訪日中国人における「55〜59 歳」の年齢層に関しては，「子供扶養比率」
との負の因果関係が裏付けられた。この年齢層だと，子供を扶養する段階を
超えているが，子供が結婚や子育ての時期を迎える段階なので，親が多額の
援助をする慣習があるために，間接的に孫の扶養に手を貸しているからであ
ろう。

　「高齢者扶養比率」の上昇が，「60〜64 歳」と「65〜69 歳」の 2 つの年齢
層のシェア上昇に寄与していることがわかった。「高齢者扶養比率」の上昇
は，高齢者人口が増加した結果でもあるので，相対的に訪日中国人の高齢化
加速にもつながったと思われる。また，60 歳以上になれば，ほとんどの中
国人が定年を迎える年齢にあたり，時間的に余裕があり，割安なオフシーズ
ンの利用も可能なので，他の年齢層よりも出かけやすい環境に恵まれると言
えよう。

5.6　まとめ

　以上の検証を踏まえて，本研究の仮説について，以下の結論を得るに至った。

　「65 歳以上人口比率」という高齢化の進行を示す指標が 40〜44 歳の年齢層が占める訪日者のシェアを下げる効果示されたが，45〜49 歳の年齢層については，統計的に有意ではなかった。つまり，仮説 1 は部分的に支持された。

　子供扶養率比率の低下は 55〜59 歳の年齢層の訪日者シェア拡大につながる可能性が裏付けられたが，50〜54 歳の年齢層についての影響は不明であったので，仮説 2 は部分的に成立したことになろう。

　「高齢者扶養比率」の上昇が 60〜69 歳の年齢層，「65 歳以上人口比率」の上昇が 70 歳を超える高齢者層に関して，それぞれの訪日者シェアの拡大につながる可能性を裏付けたので，仮説 3 が支持されたと言える。

　本研究では，訪日中国人の年齢構成への中国の少子高齢化の影響については分析できた。しかし，少子高齢化による税負担の増加や，経済成長率の鈍化などまだ検討しなければいけない要因がある。今後も引き続きその要因を研究していきたい。

注
1　法務省「出入国管理統計統計表（年報）」(http://www.moj.go.jp/housei/toukei/toukei_ichiran_nyukan.html, 閲覧日：2020 年 9 月 9 日)。
2　法務省「出入国管理統計統計表（年報）」(http://www.moj.go.jp/housei/toukei/toukei_ichiran_nyukan.html, 閲覧日：2020 年 9 月 9 日)。
3　王桂新・戴二彪 (2015)「中国における少子化の実態，発生要因と対策」『AGI Working Papers Series』1-22 頁。
4　中中国国家統計局 (2018)『中国統計年鑑』(http://www.stats.gov.cn/tjsj/ndsj/, 閲覧日：2020 年 6 月 5 日)。
5　方蘇春・富川拓・野本茂・塚本五二朗 (2011)「中国における高齢者福祉の現状に関する一考察」『聖泉論叢』18, 15-23 頁。
6　李森 (2015)「年金数理モデルによる中国の年金制度の分析（桑原哲也教授追悼号)」『福山大学経済学論集』39 (1・2), 107-120 頁。

7　王逸飛 (2013)「高齢化社会における中国公的年金制度の課題」『人間社会環境研究』25, 25-40頁。

8　王 (2013)，前掲注7。

9　金光洙 (2016)「中国の高齢化の要因と経済的影響」『現代社会文化研究』62，181-196頁。

10　Dichter, Alex, Jin, Chen, Saxon, Steve, Zijian, Yu and Suo Peimin (2018)『迷思と真相：中国出境観光市場深度観察』麦肯錫公司，4頁。

11　山本真嗣 (2017)「温泉地における訪問者属性の比較論的考察」『名古屋学院大学論集社会科学篇』53 (4)，163-170頁。

12　中国旅游研究院・Ctrip Group (2018)「2017年中国－ヨーロッパ観光市場データレポート」Ctrip Group (http://www.ctaweb.org/html/2018-1/2018-1-18-15-30-00840.html，閲覧日：2020年6月5日)。

13　張国峰 (2018)「訪日中国人観光客による爆買いに関する一考察」『東アジア評論』10, 105-117頁。

14　黄愛珍・石橋太郎・狩野美知子・太田隆之・大脇史恵 (2017)「訪日観光客に注目したヒアリング調査報告」『静岡大学経済研究』22 (1)，19-39頁。

15　金 (2016)，前掲注9。

16　驢媽媽旅游網 (2018)「2017国内長線游消費報告：80後，90後是消費担当」(http://travel.people.com.cn/n1/2018/0125/c41570-29786045.html，閲覧日：2020年6月5日)。

17　中国旅游研究院・Ctrip Group (2018)，前掲注12。

18　中国旅游研究院・Ctrip Group (2018)，前掲注12。

19　Alex et al. (2018)，前掲注10

20　Babou, I. (2005), The market for 'seniors'. Let's not kill the hen that lays golden eggs, Espaces, Tourisme & Loisirs, No. 222, pp. 17-20.

21　Eunju, Woo, Hyelin, Kim and Uysal Muzaffer (2014), A Measure of Quality of Life in Elderly Tourists, pringer Science+Business Media Dordrecht and The Received: 31 July 2014/ Accepted: 18 August 2014 International Society for Quality-of-Life Studies (ISQOLS) 2014.

22　Elisa, Alén, Nieves, Losada and Dominguez Trinidad (2016), "The Impact of Ageing on the Tourism Industry: An Approach to the Senior Tourist Profile," *Soc Indic Res*, Vol. 127, pp. 303-322. DOI 10.1007/s11205-015-0966-x

23　智研諮洵集団 (2018)「2017年中欧旅游市場数拠報告」『中国産業信息網』(https://www.chyxx.com/research/201803/617496.html#catalogue，閲覧日：2020年9月9日9日)。

24　智研諮洵集団 (2018)，前掲注23。

25　中投顧問産業中心 (2016)「2016-2020年中国老年旅游市場深度調研及開発戦略研究報告」(www.ocn.com.cn2019/2/1，閲覧日：2020年9月9日)。

26　胡祖全 (2016)「中国の高齢者観光の発展のための問題と対策」国家信息中心 (http://www.sic.gov.cn/News/459/7213.htm，閲覧日：2020年6月5日)。

27　李良姫 (2016)「人口減少と高齢化による観光への影響：国および地域の取るべき政策」『日本地域政策研究』16，4-11頁。

28　張星眸・杉澤秀博 (2015)「中国の一人っ子世代における老親扶養に関連する要因」『老年学雑誌』5，91-100頁。

29　0～14歳人口・65歳以上人口と15～64歳人口の比率。

30　0～14歳人口と15～64歳人口の比率。

31　65歳以上人口と15～64歳人口の比率。

32　統計的に最も予測率が高いと考えられる変数から順に自動的に投入される方法で，説明変数が多い場合に適する (石村・石村 2011)。

33　説明変数間での相関が高いことを意味する多重共線性が存在し，正しい回帰分析が出来なくな

る（石村・石村 2011）。

終章
全体のまとめと展望

1．全体のまとめ

　本研究は，インバウンドツーリズムの復興にかかわる日本の諸課題について考察を行ってきた。論文の執筆途中にコロナショックが発生し，日本のインバウンドが壊滅的なダメージを被ったが，2022年9月時点においては，インバウンドの再開が急速に進められる状況を迎えている。

　本研究の着目点は，訪日中国人観光客の動向であった。中国人観光客は，日本におけるインバウンドの成長性および観光消費を支える最大の要素であり，コロナ感染症の発生までおよび発生以降において中国人の観光需要，意思決定・品質評価に対する分析は，インバウンドの復興に寄与すると思われる。以下，本書の結論についてまとめたい。

(1)　パンデミックによるインバウンド観光の意義の変化

　最初の課題は，「パンデミックによってインバウンド観光の意義が変わったか否か」についてであったが，本研究においては「基本的に変わっていない」という結論に至った。まず，パンデミックは各国間の往来をほとんど止めてしまった重大な事態であったが，いずれ収束する一時的な事象と考えられ，国際交流が再び盛んになるのを妨げる理由にはならない。観光がパンデミックを誘発する一因であるとの見方は間違っており，コロナ感染症の拡大が観光を委縮させてしまった要因であるに過ぎない。様々な産業分野がパンデミックに影響を受けていたが，必ず回復に向かうのと同様に観光業もいず

れ完全な復興を達成することができる。また，経済全体における重要性から
見ても，インバウンド観光を含む観光業の復活は不可欠である。特に少子高
齢化の影響をうける日本にとって，インバウンド観光は，成長が期待できる
数少ない分野の1つであるため，コロナ危機収束後の経済復興の成否を左右
する要因でもあるので，重点的に推進していくべき分野である。

　日本におけるインバウンド観光の急拡大を支える最も大きな要因はアジア
諸国の所得向上や円安傾向である。この要因は，コロナ危機収束後の訪日旅
行の回復を左右する要因でもある。中国をはじめとするアジア諸国の所得向
上は，今日も上昇傾向にあり，円安もコロナ危機前よりも一段と進んでい
る。また，前述したように，日本観光に対する世界的な人気の高さが，コロ
ナ危機を経ても持続している。日本におけるインバウンド観光を支える良好
な外部環境が今後も続くと思われる。一方，日本の内部環境においては，コ
ロナ危機前に蓄積されてきた，経済振興に寄与する成長産業として，インバ
ウンド観光が引き続き重要な意義を持っている。

(2)　パンデミックによって提起される
インバウンドツーリズムの課題について

　上記の点に関する筆者の見解は，以下のとおりである。

　パンデミックの収束後のインバウンド観光回復に向けた国や自治体の各種
施策や民間企業の経営戦略においては，中国をはじめ東アジアがキーポイン
トであることを踏まえて最重点的に考慮していく必要がある。中国人の訪日
は今後も拡大する可能性があるが，コロナ危機以前に伸び悩みを見せていた
韓国，台湾，香港のからの訪日には，対策が求められよう。

　インバウンド観光の復興を目指すには，観光目的地となる地域住民の理解
を得ることが不可欠であるが，そのためには，オーバーツーリズムなどの問
題に対処する必要がある。これについて日本のインバウンド観光はまだ本格
展開の時期が浅く，それほど深刻な問題は発生しているとは言えないと考え
られる。

人気スポットの人数制限，宿泊旅行への誘導，価格の適正化といった微調整を行う必要は認められるが，大半の観光地においては，安易な流入制限をすると，町の荒廃を招く結果になりかねない。

(3) 中国人観光客の観光需要に関わる経済要因の分析について

この分析を通じて，中国における可処分所得の増大は，訪日中国人の1人当たり消費支出の増加につながるというより，訪日中国人観光客数の拡大に寄与する結論が導かれた。

一方，訪日中国人観光客の予算額は，1.1万元台という元ベースに固定される傾向が確認された。大きな注目を集めた「爆買い」という買物への支出増大が続くか否かは，為替レートの変動次第である。2022年現在の円安傾向は，「爆買い」のサポート要因であるが，その効果はインフレに伴う物価上昇によって相殺されるという側面もあろう。

(4) 訪日外国人観光客の満足度に及ぼす要因について

上記の分析を踏まえて，外国人観光客の満足度に影響を与える要因は，過去の宿泊体験や訪問目的に基づく「期待」であり，その満足度は同タイプの旅館への再宿泊願望，類似するリゾート地および日本への再訪問願望に影響を及ぼすと考えられる。

今後コロナ危機からのインバウンド観光の完全回復を目指す過程で，本研究で裏付けられた，外国人観光客が示した満足度の高さが，大きな支援材料となるに違いないであろう。上記の(3)で分析した経済要因とのかかわりに関しては，円安傾向や中国の可処分所得の拡大傾向に何らかの異変が生じても，満足度に支えられる訪日の根強い人気がインバウンド観光の衰退を食い止める力として役割を発揮することが期待されよう。

さらに，高い満足度を得た訪日外国人観光客の口コミは，SNSなどを通じて広がり，同国内に訪日に関心または興味を持つ層を増やす効果も考えられる。

(5) 中国の少子高齢化の影響について

　中国の少子高齢化の影響についての分析を踏まえれば，55歳以上の年齢層の訪日者シェアの拡大が予想され，40〜44歳の年齢層が占めるシェアが低下する可能性が示唆された。

　上記の(1)〜(5)を総合すると，パンデミックを経ても，日本にとってインバウンド観光の意義が変わっておらず，積極的に推進していく分野であり，中でも中国をはじめ東アジアに向けて，集中的に施策を施すべきであろう。人気スポットの人数制限，宿泊旅行への誘導，価格の適正化といった微調整を行いながら，55歳以上の年齢層をターゲットに中国人観光客の訪日を促進する対策を官民で進めていく必要があろう。

　コロナ危機が続く2年半の間，中国の少子高齢化が一層深刻さを増してきた。「コロナウイルスとの共存」を選択した欧米諸国および日本とは異なり，中国は「ゼロコロナ政策」の徹底を図ってきた。それに伴って少子高齢化を緩和するための対策が滞る可能性がある。

2．今後の展望

　本研究では，パンデミック収束後も中国をはじめ東アジアの観光客を中心にとする我が国のインバウンド観光は成長が期待できる可能な分野であり，コロナ危機収束後に引き続き推進していくべきであるという結論に至っているが，国内外の情勢にはインバウンド観光に影響を及ぼす新たな不確定要素が発生していることがわかった。

　まず，中国のゼロコロナ政策の動向についてである。中国政府はゼロコロナ政策にこだわっており，数年以内に海外旅行の正常化が期待できないという見方があった[1]。また，ゼロコロナ政策により，第3章で論じた経済要因に関して，景気の失速および雇用悪化という経済停滞を招き，可処分所得の停滞が発生する恐れもあり得るので，中国人の家計購買力低下となりかねないという心配もあった[2]。しかし，2022年12月になると，中国政府はゼロ

コロナ政策を急転換し，ほとんどの規制を撤廃したのである[3]。このような政策変更は日本のインバウンド再興に大きな促進要素になると予想される。

　次に世界的なインフレ傾向の深刻化である。欧米や中国などで物価の上昇が激しく[4]，国外旅行に関する消費意欲の減退につながる可能性があろう。

　さらに，2022年に入ってから，ロシアによるウクライナ侵攻，台湾海峡の緊迫化に伴う米中関係悪化など，国際情勢の激動が進行しつつある。ロシア人観光客の入国を直接制限する動きはまだ一部の国にとどまっているが[5]，ロシアに対する制裁に反発するロシア人観光客の動向が日本のインバウンド観光に影響を及ぼす要因の1つになり得る。一方，台湾海峡の情勢次第で日本を巻き込む戦争に発展する可能性もある[6]。そうなった場合，日本のインバウンド観光客数の50％強を占める中国人および台湾人の訪日に大きなダメージとなりかねない。

　上記の各要素が日本のインバウンド観光回復にどのように関係するか，まだ定かとは言えない。本研究は，この問題への追究を今後の課題にしていきたい。

　本研究は，訪日中国人観光客をはじめとするインバウンド観光客に焦点を当て，パンデミック後の復興にかかわる諸課題を考察したが，その成果は産業振興および地域活性化をテーマとして抱えている観光学の研究を深化させるために寄与するものになるであろう。

注
1　柯隆コメント「インバウンド再開に罠　「中国依存」が呼ぶリスク」『日本経済新聞』電子版，2022年5月16日。
2　「中国食品・燃料高，家計に重荷　5月消費者物価2.1％上昇」『日本経済新聞』2022年6月10日。
3　興梠一郎（2022）「中国　ゼロコロナ政策への不満がついに爆発！　一気に進んだ緩和の裏を読む」『金曜日』30（46），34-37頁。
4　「中国食品・燃料高，家計に重荷　5月消費者物価2.1％上昇」『日本経済新聞』2022年6月10日。
5　「EU，ロシア人向け観光ビザ制限検討　FT報道」『日本経済新聞』電子版，2022年8月29日。
6　「麻生派3年ぶり研修会　『台湾有事なら日本も戦争』」『日本経済新聞』電子版，2022年8月31日。

謝　辞

　本書に関わる研究，調査および執筆を進める過程において，家族が献身的に支えてくださり，株式会社月の栖熱海聚楽ホテルの従業員一同および熱海の中規模和風旅館各社がアンケート調査に多大なるご協力をいただいた。また本研究の実験に本書を最後まで執筆できたのは，何よりも恩師である和歌山大学の足立基浩教授から研究の進め方や内容に対する多くのご助言とご指導をいただいたお陰であった。上記の方々のご尽力に心より感謝を申し上げたい。

補　　注

(1) 中国人の可処分所得および中国国内観光に関する各種データは，中国国家統計局が毎年発行する「統計年鑑」[1]，訪日中国人観光客に関する各種データは，日本の国土交通省が発表した訪日外国人観光客の関連情報[2]から取得している。

(2) 中国では，公務用と私事用のパスポートが発行されているが，「私的海外渡航者数」は私事用パスポートを使用して海外渡航した中国人の数である。

(3) すべての説明変数を合わせて，どの程度目的変数を説明することができるのか，また，目的変数の予測における各説明変数独自の寄与がどの程度であるかを調べるのに適する方法である。石村・石村（2011, 8-17 頁）を参照。

(4) 「同タイプの中規模和風旅館での再宿泊」という表現にしたのは，宿泊した中規模和風旅館への再宿泊が訪日外国人観光客にとって一般的には考えられないからである。

(5) 類似するリゾート地という表現にしたのは，訪日外国人観光客にとって日本を再訪問してもまだ行っていない地域に行くのが一般的であり，同じ熱海への再訪問が一般的には考えられないからである。

(6) 全ての説明変数を合わせて，どの程度目的変数を説明することができるのか，また，目的変数の予測における各説明変数独自の寄与がどの程度であるかを調べるのに適する方法である（石村・石村 2011）。

注
1　国家統計局「中国統計年鑑」（http://www.stats.gov.cn/tjsj/ndsj/，中国語，2018 年 7 月 5 日閲覧）。

2　観光庁「統計情報」(http://www.mlit.go.jp/kankocho/siryou/toukei/index.html，日本語，2018 年 7 月 5 日閲覧)。

引用・参考文献一覧

〔日本語文献〕

熱海市観光建設部観光経済課 (2020)「令和元年版　熱海市の観光」。

麻生憲一 (2000)「日本のインバウンド・ツーリズムの需要分析—経済時系列データからとらえた訪日外国人旅行者数の動向—」『交通学研究』113-124 頁。

麻生憲一 (2001)「日本のインバウンドに関する実証分析—訪日外国人渡航者の動向と経済的要因」『経済系』207, 8-22 頁。

綾部誠・呂慧・高橋幸司 (2012)「中国人観光客の地方都市誘致に関する基礎研究」『国際人間学フォーラム』8, 25-38 頁。

五十嵐元一 (2014)「顧客満足度の高い宿泊業の企業行動」桜美林論考『ビジネスマネジメントレビュー』1-12 頁。

石村貞夫・石村友二郎 (2011)「SPSS による多変量データ解析の手順」『東京図書』。

一般社団法人日本旅館協会 (2019)「営業状況等統計調査（平成 30 年度財務諸表等より）—令和元年度—＜解説編＞」(http://www.ryokan.or.jp/top/news/detail/226)。

于航・下山邦男 (2010)「訪日中国人観光客の動向に関する研究」『別府大学短期大学部紀要』29, 89-99 頁。

太田壮哉 (2011)「顧客満足を説明する期待不一致効果」『経営学研究論集』35, 95-107 頁。

小川祐一 (2021)「訪日外国人への接客と経営方針・人材育成に関する考察」『文化学園大学・文化学園大学短期大学部紀要』52, 24-36 頁。

奥瀬喜之 (2008)「顧客満足概念とその測定に関わる研究の系譜」『専修商学論集』88, 55-59 頁。

王桂新・戴二彪 (2015)「中国における少子の実態，発生要因と対策」『AGI Working Papers Series』1-22 頁。

王逸飛 (2013)「高齢化社会における中国公的年金制度の課題」『人間社会環境研究』25, 25-40 頁。

加藤康二 (2016)「世界のビジネス潮流を読む　エリアリポート　中国　公的年金の備えは万全か」『ジェトロセンサー』66 (792), 66-67 頁。

金光洙 (2016)「中国の高齢化の要因と経済的影響」『現代社会文化研究』62, 181-196 頁。

魏蜀楠 (2017)「中国人国際観光の需要変化に関する一考察：訪日中国人個人観光需要の地方誘致とローカル観光交通のあり方を視野に入れて」『福岡大學商學論叢』62 (2), 161-189 頁。

黄愛珍・石橋太郎・狩野美知子・太田隆之・大脇史恵 (2017)「訪日観光客に注目したヒアリング調査報告」『静岡大学経済研究』22 (1), 19-39 頁。

黄愛珍 (2017)「訪日中国人観光客の旅行とインバウンド消費の動向」『アジア研究』12, 25-40 頁。

観光庁『統計情報』(http://www.mlit.go.jp/kankocho/siryou/toukei/index.html, 2018 年 7 月 5 日閲覧)。

国土交通省 (2018)『平成 30 年版観光白書』9 頁。

国土交通省観光庁 (2020)「宿泊旅行統計調査報告（平成 31 年 1 月〜令和元年 12 月）」5-9 頁。

サービス産業生産性協議会 (2010)「顧客満足度調査（JCSI）」(https://www.jpc-net.jp/research/jcsi/causal_model/)。

崔龍文 (2012)「インバウンド観光の視点による地方圏魅力へのアプローチ—秋田県「IRIS」ロケ

　　　地めぐりのブログ分析を通じて―」『日本地理学会発表要旨集』2012s（0），288 頁。

田静・加藤里美（2016）「外国人の日本旅行に関する意識―期待レベルと実際の満足レベル―」日本経営診断学会『日本経営診断学会論集』102-107 頁。

塩谷英夫（2014）「2030 年の観光地経営，人口減・高齢化市場の対応に必要な 3 つの取組みとは？」『JTBF 旅行動向シンポジウム：レポート』（https://www.travelvoice.jp/20140115-14203，閲覧日：2020 年 9 月 9 日）。

張星眸・杉澤秀博（2015）「中国の一人っ子世代における老親扶養に関連する要因」『老年学雑誌』5，91-100 頁。

張国峰（2018）「訪日中国人観光客による爆買いに関する一考察」『東アジア評論』（10），105-117 頁。

張彬彬（2017）「沖縄における観光動向と観光振興に関する研究：中国人観光客を中心に」『龍谷大学大学院経済研究』17，14 頁。

中平千彦・薮田雅弘（2017）『観光経済学の基礎講義』九州大学出版会。

藤村和宏（1999）「日本人のサービス消費における満足形成の特質」『香川大学経済論叢』72（1），215-240 頁。

古屋繁・櫻井貴章・羽渕琢哉・杉山和雄（2014）「顧客満足度における「期待」マネジメントのための構造化：サービスデザインの枠組みに関する基礎研究」『日本デザイン学会研究発表大会概要集』61（0），日本デザイン学会，145 頁。

法務省「出入国管理統計表（年報）」（http://www.moj.go.jp/housei/toukei/toukei_ichiran_nyukan.html，閲覧日：2020 年 9 月 9 日）。

方蘇春・富川拓・野本茂・塚本五二朗（2011）「中国における高齢者福祉の現状に関する一考察」『聖泉論叢』18，15-23 頁。

馬駿（2017）「訪日中国人観光客がもたらす経済効果：京都市の観光産業を対象に」『龍谷大学大学院経済研究』18，33 頁。

Mak James 著／瀧口治・藤井大司郎監訳（2005）『観光経済学入門』日本評論社。

山本真嗣（2017）「温泉地における訪問者属性の比較論的考察」『名古屋学院大学論集社会科学篇』53（4），163-170 頁。

森下俊一郎（2020）「宿泊業における訪日外国人観光客へのおもてなしのマネジメント―「山城屋」，「澤の屋」および「富士箱根ゲストハウス」の事例分析―」『日本経営診断学会全国大会予稿集』20（0），105-108 頁。

姚峰・李瑶・李珊（2016）「日本地域別中国人観光客旅行先選択の影響要因分析」『香川大学経済論叢』89（2），283-309 頁。

李森（2015）「年金数理モデルによる中国の年金制度の分析（桑原哲也教授追悼号）」『福山大学経済学論集』39（1・2），107-120 頁。

李良姫（2016）「人口減少と高齢化による観光への影響：国および地域の取るべき政策」『日本地域政策研究』16，4-11 頁。

盧剛・山口一美（2012）「訪日中国人観光者の再来訪を促す要因の研究」『生活科学研究』34，187-197 頁。

脇本忍・姜思義・大西隆士（2019）「沖縄におけるインバウンド市場調査―中国人観光客の消費者行動と SNS の関係性―」『聖泉論叢』26，1-12 頁。

〔外国語文献〕

Dichter, Alex, Jin, Chen, Saxon, Steve Zijian, Yu and Suo Peimin（2018），迷思と真相：中国出境観光市場深度観察，麦肯錫公司，pp 4.

American Customer Satisfaction Index（ACSI）（https://www.theacsi.org/about-acsi/the-science-of-customer-satisfaction).

Babou, I. (2005), The market for 'seniors'. Let's not kill the hen that lays golden eggs, Espaces, Tourisme & Loisirs, No. 222, pp. 17-20.

Peng, Bo, Song, Haiyan and Geoffrey I. Crouch (2015), "A Meta-Analysis of International Tourism Demand Elasticities," *Journal of Travel Research*, 54 (5), pp. 611-633.

Cathy, H. C., Hsu, Liping A. and Mimi Li Cai (2009), "Expectation, Motivation, and Attitude: A Tourist Behavioral Model," *Journal of Travel Research*, 49 (3), pp. 282-296. doi.org/10.1177/004728750934926

Eunju, Woo, Hyelin, Kim and Uysal Muzaffer (2014), A Measure of Quality of Life in Elderly Tourists, pringer Science+Business Media Dordrecht and The International Society for Quality-of-Life Studies (ISQOLS) 2014.

Elisa, Alén, Nieves, Losada and Dominguez Trinidad (2016), "The Impact of Ageing on the Tourism Industry: An Approach to the Senior Tourist Profile," *Soc Indic Res*, Vol. 127, pp. 303-322. DOI 10.1007/s11205-015-0966-x Received: 31 July 2014 /Accepted: 18 August 2014

Oliver, Richard L. (1980), "A Cognitive Model of the Antecedents and Consequences of Satisfaction Decisions," *Journal of Marketing Research*, 17 (4), pp. 460-469.

Omar, Shida Irwana, Muhibudin, Masitah, Yussof, Izatul and Mohamed Badaruddin (2013), "Tourist Satisfaction as the Key to Destination Survival in Pahang Mohd Fauzi Sukiman," *Procedia-Social and Behavioral Sciences*, 91, pp. 78-87.

Macy, Wong, Ronnie, Cheung and alvin Wan (2013), "A Study on Traveler Expectation, Motivation and Attitude," *Contemporary Management Research*, 9 (2), pp. 169-186. doi:10.7903/cmr.11023

Yun, Dongkoo and Sungsoo Pyo (2016), An Examination of an Integrated Tourist Satisfaction Model: Expectations and Desires Congruency, Travel and Tourism Research Association: Advancing Tourism Research Globally, 14. (https://scholarworks.umass.edu/ttra/2013/AcademicPapers_Oral/14)

戴学锋・孫盼盼 (2014)「収入与出境旅游率的非線性関係―関於門檻面板模型的実証証拠―」『旅游学刊』29 (9), 13-23 頁。

中国国家統計局 (2018)『中国統計年鑑』(http://www.stats.gov.cn/tjsj/ndsj/, 閲覧日：2020 年 6 月 5 日)。

胡祖全 (2016)「中国の高齢者観光の発展のための問題と対策」国家信息中心 (http://www.sic.gov.cn/News/459/7213.htm, 閲覧日：2020 年 6 月 5 日)。

劉振中 (2017)「境外消費商品層次下移的問題与対策」『国家信息中心博士後　研究通迅』003 (029), 1-21 頁。

驢媽媽旅游網 (2018)「2017 国内長線游消費報告：80 後, 90 後是消費担当」(http://travel.people.com.cn/n1/2018/0125/c41570-29786045.html, 閲覧日：2020 年 6 月 5 日)。

智研諮洵集団 (2018)「2017 年中欧旅游市場数拠報告」『中国産業信息網』(https://www.chyxx.com/research/201803/617496.html#catalogue, 閲覧日：2020 年 9 月 9 日)。

中国旅游研究院・Ctrip Group (2018)「2017 年中国―ヨーロッパ観光市場データレポート」Ctrip Group (http://www.ctaweb.org/html/2018-1/2018-1-18-15-30-00840.html, 閲覧日：2020 年 6 月 5 日)。

中投顧問産業中心 (2016)「2016-2020 年中国老年旅游市場深度調研及開発戦略研究報告」(www.ocn.com.cn2019/2/1, 閲覧日：2020 年 9 月 9 日)。

中国旅游研究院 (2018)『中国家庭旅游市場需求報告 2018』。

あとがき

　筆者は，2016 年 4 月から 2023 年 3 月まで和歌山大学観光学部博士後期課程に在籍した。本書は，この間の研究成果をとりまとめ，博士論文として書き上げたものを，書籍として出版する運びとなった。

　研究の推進に当たっては多くの方々からご知見とアドバイスを頂いた。特に 6 年間担当指導員として最後まで論文作成に懇切丁寧なアドバイスを頂いた和歌山大学の足立基浩教授には心よりお礼申し上げたい。また博士課程進学を勧めて頂いた早稲田大学の藤井浩司教授にも感謝申し上げたい。

　そして論文作成を優先させてもらい，家族孝行が出来なくても，私の健康をいつも気にしてくれていた，妻元美，そして娘真菜，帆乃夏に心からお詫びと感謝を申し上げたい。

　さて，現在の日本の観光を取り巻く環境の中で特に注視しなければならないのが，加速度的に進んでいる日本の少子高齢化問題である。総務省は 2023 年 4 月に昨年 10 月 1 日時点での 65 歳以上の高齢化率は 29.0% となっていることを公表している。されに内閣府が公表している「令和 4 年版高齢社会白書」によると，2025 年には国民の約 3 人に 1 人が 65 歳以上，約 5 人に 1 人が 75 歳以上となる計算である。逆に出生数は 7 年連続で減少しており，過去最少だった 2022 年は 21 年を 4 万 875 人下回る 77 万 747 人となり，初めて 80 万人台を割り込んだ。

　こうした今後の日本の人口構成を見ていくと，本格的観光需要の回復を図るには，海外から誘客する，いわゆるインバウンドの復活が不可欠であると考える。特に全体を占める割合が高い中国人観光客の動向が最も決定的な要因と考え本書をまとめた。

　最後に本書の出版をお引き受けくださいました文眞堂の前野隆社長，前野弘太氏にお礼申し上げて筆を置くこととしたい。

著者紹介

森田 金清（もりた・かねきよ）

1968 年 5 月 16 日生まれ
1987 年 3 月　私立静岡聖光学院高等学校卒業
1987 年 4 月　早稲田大学第一文学部入学
1991 年 3 月　早稲田大学第一文学部社会学科卒業
1991 年 4 月　（株）東海聚楽　熱海聚楽ホテル入社
1993 年 9 月　アメリカコーネル大学ホテル経営大学院入学
　　　　　　　この間 1 クールフランスエセック経済商科大学院に交換留学
1995 年 6 月　アメリカコーネル大学ホテル経営大学院修了（MPS 取得）
1995 年 7 月　東海聚楽　月の栖　熱海聚楽ホテル復職
2002 年 4 月　（株）東海聚楽　月の栖　熱海聚楽ホテル代表取締役就任
2008 年 6 月　（一社）熱海市観光協会会長就任　2013 年 6 月まで
2011 年 4 月　早稲田大学政治経済学部大学院公共経営研究科入学
2012 年 3 月　早稲田大学政治経済学部大学院公共経営研究科修了
2014 年 9 月　早稲田大学政治経済学部大学院公共経営研究科講師
2015 年 7 月　早稲田大学総合研究機構　総合政策科学研究所招聘研究員
2016 年 4 月　学校法人創志学園　東京経営短期大学客員教授
2016 年 4 月　和歌山大学観光学部博士後期課程入学
2021 年 5 月　熱海温泉ホテル旅館協同組合理事長就任
2023 年 3 月　和歌山大学観光学部博士後期課程修了　観光学　博士

大学院卒業論文テーマ

『FUTURE STRATEGY FOR JAPANESE RYOKAN』コーネル大学ホテル経営大学院
『熱海市と観光まちづくり』早稲田大学政治経済学部大学院公共経営研究科

博士論文

『インバウンドツーリズムの復興にかかわる諸課題の考察』和歌山大学観光学部研究科

論文

「中規模和風旅館における訪日外国人観光客の満足度に及ぼす要因について─「期待不一致モデル」
　の手法に基づく調査を通じて─」和歌山大学観光学会，2022 年 3 月。
「訪日中国人の年齢構成に対する中国の少子高齢化の影響」日本国際観光学会，2021 年 3 月。
「訪日中国人観光客の観光需要に関わる経済要因について─所得弾力性の視点を中心に─」日本観
　光研究学会，2020 年 3 月。

座右の銘：努力は運を支配する

現在：（株）東海聚楽　月の栖　熱海聚楽ホテル代表取締役社長
　　　　熱海温泉ホテル旅館協同組合理事長
　　　　熱海市商工会議所副会頭
　　　　（一社）熱海伊東法人会副会長

インバウンドツーリズムの復興にかかわる諸課題の考察

2024 年 2 月 3 日　第 1 版第 1 刷発行　　　　　　　　　検印省略

著　者　森　田　金　清

発行者　前　野　　　隆

発行所　株式会社文　眞　堂
　　　　東京都新宿区早稲田鶴巻町 533
　　　　電　　話 03(3202)8480
　　　　Ｆ Ａ Ｘ 03(3203)2638
　　　　http://www.bunshin-do.co.jp/
　　　　〒162-0041 振替00120-2-96437

印刷・モリモト印刷／製本・高地製本所
ISBN978-4-8309-5245-6　C3033